삶의
의미를

회복하는
신앙

삶의 의미를
회복하는 신앙

지은이 | 김형준
초판 발행 | 2018. 10. 22

등록번호 | 제1988-000080호
등록된 곳 | 서울특별시 용산구 서빙고로 65길 38
발행처 | 사단법인 두란노서원
영업부 | 2078-3352 FAX | 080-749-3705
출판부 | 2078-3331

책값은 뒤표지에 있습니다.
ISBN 978-89-531-3306-8 Printed in Korea

독자의 의견을 기다립니다.
tpress@duranno.com www.duranno.com

• 본문에 인용된 성경은 표기가 없는 한 개역개정임을 밝힙니다.

두란노서원은 바울 사도가 3차 전도여행 때 에베소에서 성령 받은 제자들을 따로 세워 하나님의 말씀으로 양육하던 장소입니다. 사도행전 19장 8-20절의 정신에 따라 첫째 목회자를 돕는 사역과 평신도를 훈련시키는 사역, 둘째 세계선교(TIM)와 문서선교(단행본·잡지) 사역, 셋째 예수문화 및 경배와 찬양 사역, 그리고 가정·상담 사역 등을 감당하고 있습니다. 1980년 12월 22일에 창립된 두란노서원은 주님 오실 때까지 이 사역들을 계속할 것입니다.

실패를 넘어서는
회복의 은혜

삶의 의미를 회복하는 신앙

김형준 지음

두란노

서문 · 006

1부 누구나 실패하지만 삶의 의미 상실이 진짜 실패다
: 삶의 의미를 뺏어가는 실패의 순간들

01 **자기를 믿는 자 실패한다** · 010
신념 버리기

02 **유혹에 넘어갔다고 다 끝난 것이 아니다** · 026
경계선 찾기

03 **인생에 흉년이 왔다면 그때가 진짜다** · 044
고난의 태도 배우기

04 **은혜가 가물거리면 하나님을 잊은 것이다** · 060
교만의 영적 신호

05 **사람만 보다가 하나님을 잃는다** · 072
초점 맞추기

06 **성공이 목표라면 지금 영혼을 살펴야 한다** · 088
흐린 영안 닦아내기

07 **평안할 때 무너지기 쉽다** · 108
우선순위 점검하기

08 **풍요로울 때 하나님과 멀어진다** · 126
거짓과 타협하지 않기

2부 누구나 회복하고 싶지만 주님과 함께라야 성공한다

: 회복의 순간을 지속적으로 살아내는 영적 원리

01 **신앙이 상황을 반전시킨다** · 150
믿음으로 다시 보기

02 **인생의 주인이 누구인지 아는 것이 시작이다** · 164
주권 돌려 드리기

03 **거룩한 중심이 바로서야 삶이 바로선다** · 178
예배 사수하기

04 **현실을 직시하되 비전으로 하라** · 190
현실에 압도당하지 않기

05 **선 줄로 생각하면 기도로 다음을 준비하라** · 202
성공에 속지 않기

06 **나의 힘으로 죄를 이길 수 없다** · 216
겸손히 하나님을 초청하기

07 **열매를 맺고 싶다면 말씀을 붙들어라** · 228
말씀에서 길 찾기

08 **경건의 모양이 아니라 훈련이 필요하다** · 240
공동체 점검하기

09 **거룩한 습관이 우리를 성공케 한다** · 250
성령의 사람으로 성장하기

10 **영적 전쟁은 여전히 치열하다** · 260
영적 지혜로 끝까지 승리하기

살다 보면 더 이상 나아갈 수 없을 때가 있습니다.
바로 삶의 의미를 상실해 버렸을 때입니다.
의미의 상실은 목표와 희망의 상실로 이어집니다.
그렇게 삶이 무너지는 경험을 하게 됩니다.
실패와 아픔이 없다면 행복하겠지만,
아무도 이 고통을 피해 갈 수 없습니다.

그러나 역설적이게도,
그렇게 피하고 싶었던 고통의 시간이 없었다면
오늘의 우리도 없었을 것입니다.
고통의 경험은 성숙을 향한 또 다른 길이 되었기 때문입니다.
고통을 피할 수 없다면 잘 감당하는 법을 배워야 할 것입니다.
그 시간은 회복의 기회가 될 수 있습니다.

이 책은 삶의 현장에서 저마다의 아픔을 안고 살아가는
동안교회 성도들과 새벽을 깨우며 나누었던 말씀입니다.
그들이 없었다면 오늘의 저도 없었을 것입니다.

고난이 무엇인지, 고통이 얼마나 아픈지를 아는 이들에게
이 책이 작은 도움이 될 수 있었으면 좋겠습니다.

이 책이 독자들에게 편하게 다가갈 수 있도록 만들어 준
두란노 가족들의 수고에 감사드립니다.
아울러 삶의 힘이 되어 주는 어머니, 아내,
그리고 딸 지현이에게 늘 고마운 마음입니다.
가족은 고통 속에서 서로를 지켜 주는
울타리와 버팀목 같은 존재였습니다.

마지막으로 제 삶은 하나님의 손에 있다는 고백을
이 책을 통해 다시 올려 드리고 싶습니다.

2018년 10월
유난히 무더웠던 여름을 보낸 어느 가을날
김형준

1부

누구나
실패하지만
삶의 의미 상실이
진짜 실패다

삶의 의미를
뺏어가는
실패의 순간들

01

자기를
믿는 자
실패한다

_ 신념 버리기

욘 2:1-10

누구나,
뜻밖에 실패한다

인생에서 실패하기를 원하는 사람은 아무도 없습니다. 누구든 가정생활, 인간관계, 사업 등에서 목표한 바를 이루고 싶어 합니다. 그리고 목표를 성취했을 때 보람을 느끼고 삶의 의욕을 되찾습니다. 그때 지금 서 있는 곳에서 한 단계 넘어갈 수 있는 용기와 지혜를 얻게 됩니다. 그래서 우리의 삶 가운데 '성공 정체감'은 굉장히 중요합니다.

　그러나 우리의 삶에는 성공만 찾아오지 않습니다. 실패도 자주 경험하게 됩니다. 인생 가운데 원하지 않았던 실패라는 결과를 만나 삶의 방향을 잃어버릴 때가 얼마나 많은지 모릅니다. 왜냐하면 실패가 우리의 내면에 깊은 좌절감을 주기 때문입니다. 실패는 우리 속에 잠재되어 있는 더 좋은 자원들을 디딤돌 삼아 다시 시작할 용기마저도 앗아 갑니다. 모든 방법을 동원해 노력하고 최선을 다했어도 원하는 바가 이루어지지 않고 계속해서 문턱에서 좌절하고 주저앉게 될 때 우리는 어떻게 다시 시작해야 할지 갈피를 잡지 못합니다.

    게다가 실패의 경험은 나만의 아픔으로 끝나지 않고 나와 함께한 가족과 공동체에게도 영향을 미칩니다. 그리고 안타깝게도 가족 및 공동체의 실패로 이어지기 쉽습니다. 한 사람의 실패가 구성원 전체의 분위기를 좌우하는 것입니다. 예를 들어, 독일의 정치가이며 독재자인 아돌프 히틀러가 유대인들을 왜 그렇게 미워했습니까? 그는 10세 때 어머니가 유대인 남자와 부정한 관계를 맺는 것을 보고 증오심이 일어났습니다. 이후 자신의 분노를 합리화하면서 삶 가운데 실패를 서서히 써 나가기 시작했습니다. 히틀러 한 사람의 실패는 전 유럽, 전 세계를 전쟁터로 몰아넣었습니다. 이유 없는 전쟁에 수많은 젊은이가 목숨을 잃었습니다. 이처럼 한 사람의 실패는 결코 작지 않습니다. 특히 지도자들의 실패는 굉장히 무섭습니다.

    그럼에도 불구하고 또 다른 유형의 사람은 실패를 통해 새로운 인생, 새로운 입구로 들어갑니다. 좌절을 통해 새로운 가능성과 그간 자기가 보지 못했던 세계를 발견하게 된 것입니다. 이처럼 실패는 우리에게 아픔과 고통을 주지만, 한편으로는 새로운 세계로 나아가고 성장하는 밑거름이 되기도 합니다.

대표적인 인물이 스코틀랜드 출신의 육상 선수 에릭 리델(Eric Liddell)입니다. 1924년 그는 영국 올림픽 대표 선수를 선발하는 경기에 출전했고, 올림픽 대표 팀에 합류하게 되었습니다. 이어서 그는 스코틀랜드, 잉글랜드, 아일랜드 등 세 나라의 친선 경기에 참가해 100야드(91m), 220야드(201m), 440야드(402m)를 석권했습니다.

그런데 440야드 경기 중에 문제가 생겼습니다. 당시는 트랙이 없었기 때문에 안쪽으로 도는 자리를 확보하는 것이 매우 중요했는데, 잉글랜드의 길리스라는 선수가 출발하면서 미는 바람에 리델이 트랙 안쪽으로 나뒹굴게 되었던 것입니다. 리델은 쓰러진 채 앞으로 뛰어가는 사람들을 바라보며 '아, 나는 더 이상 뛸 수 없구나. 뛰어도 소용이 없겠구나' 하고 생각했습니다.

그 순간, 관중석에서 "일어나! 다시 시작해!"라는 응원 소리가 들리기 시작했습니다. 그러자 놀랍게도 리델은 일어나서 죽을힘을 다해 뛰기 시작했습니다. 그리고 기적처럼 금메달을 땄습니다. 사람들은 완주한 다음 쓰러져서 들것에 실려 나가는 리델을 보며 환호했습니다. 그들은 리델이 우승해서 환호했을까요? 아마도 아닐 것입니다. 우승보다 더 소중하고 값진 것이 있다면 실패에 주저앉지 않고 다시 일어나 최선을 다해 달린 것이기 때문입니다.

선지자 요나도 인생이 무너지는 것 같은 실패를 경험했습니다. 그 실패는 함께하는 사람들까지도 위험에 빠뜨렸습니다. 수많은 사람의 생명을 살리는 사명을 게을리해서 많은 사람을 멸망으로 몰아넣은 잘못된 결과로 이어진 것입니다.

하나님은 아밋대의 아들 요나에게 "니느웨로 가서 회개를 촉구해 그곳 백성의 생명을 구원하라"라는 사명을 주셨습니다. 그러나 요나는 하나님의 말씀에 역행해, 정반대인 다시스로 가는 배를 탔습니다. 바다 한가운데서 요나는 풍랑을 만났고, 결국 바다에 던져져 큰 물고기에 의해 삼켜졌습니다. 요나가 큰 물고기 배 속에서 기도하는 장면이 본문의 내용입니다.

요나가 실패한
두 가지 이유

요나가 왜 실패했습니까? 요나의 중요한 실패 원인 중 하나는 자기 기준과 자기 신념이 분명했다는 점에서 찾을 수 있습니다. 당시 앗수르는 이스라엘의 원수 나라였습니다. 따라서 요나는 적국은 멸망당해 마땅하다고 생각했습니다.

이처럼 자기 신념이 강한 사람은 예수를 믿기가 참 어렵습니다. 우리에게는 모두 신념이 있습니다. 신념을 다른 말로 바꾸면 '인생을 바라보는 관점이자 틀'로, 어떤 행동과 마음을 선택하는 기준이 됩니다. 신념이라는 것은 아주 오래전부터, 즉 어릴 때부터 형성됩니다. 우리에게는 누구나 출생 과정, 성장 배경, 교육 정도, 경험 등에 따라 인생을 살아가는 나름의 기준이 있는 것입니다. 예를 들어, 가난과 어려움을 겪은 사람에게는 돈이 참 중요합니다. 또한 자녀 교육이 중요한 사람은 자녀 교육에 관한 한 결코 양보하지 않습니다.

아마도 요나가 가진 신념은 많은 사람으로부터 칭찬과 인정을 받았을 것입니다. 요나 역시 자기 신념이 옳다고 생각하며 인생을 살아왔을 것입니다. 그래서 자기가 옳다고 생각해 하나님의 명령에도 순종하지 않았던 것입니다.

일반적으로 신념은 매우 중요합니다. 신념이 무너지면 삶의 원칙을 잃어버리기 때문입니다. 사람들은 흔히 실패란 '무엇이 옳은지 더 이상 분간하기 어려울 정도로 신념이 깨어진 상태'라고 여깁니다. 결국 자기가 가진 강력한 신념이 인생을 이끌어 가게 되는 것입니다. 그렇다면 자기 신념이 분명한 요나가 실패한 이유는 무엇일까요? 요나의 실패를 통해 어떻게 다시 일어설 수 있는지, 그 영적 원리를 찾아보겠습니다.

첫째, 요나는 하나님의 말씀을 가볍게 생각했기 때문에 실패했습니다. 자기 신념이 강한 사람은 자기 생각에 따라 하나님의 말씀을 판단합니다. 사람이나 사건 등 모든 것을 자기 기준으로 판단합니다. 그는 호불호(好不好)가 확실합니다. 요나는 자기 신념이 분명하기에 하나님의 말씀을 온전히 받아들이지 못했습니다. 자기 기준으로 보니 말씀을 순종할 수 없었던 것입니다.

언제 순종이 가능합니까? 하나님의 말씀에 생명과 삶의 참된 가치가 있다고 믿고 온전히 나의 것으로 받아들일 때 비로소 순종하게 됩니다. 하나님의 말씀을 받아도 자기 판단과 기준으로 바라보면 우리의 신앙생활과 인생은 실패할 수밖에 없습니다. 사울왕을 보십시오. 그는 아말렉을 공격해 진멸하라는 하나님의 말씀을 자기 나름대로 판단해 좋은 양들과 모든 좋은 것을 남겨 두었습니다. 그러고는 하나님께 제사를 드리기 위한 것이라며 스스로 아주 합리적이며 지혜로운 판단이라고 여겼습니다. 하지만 사실은 하나님의 말씀을 온전히 순종하지 못한 것입니다. 기억하십시오. 하나님의 말씀을 온전히 순종하지 못하고, 하나님의 말씀만 바라보지 못하는 마음이 실패의 시작일 수 있습니다.

둘째, 요나는 하나님을 알지 못해 실패했습니다. 호세아 선지자는 "우리가 여호와를 알자 힘써 여호와를 알자"(호 6:3)라고 말했습니다. 우리의 삶에 문제와 어려움이 닥쳐서 좌절과 절망을 겪고 어디로 가야 하는지 알지 못하는 이유는 하나님이 누구이신지를 잘 알지 못하기 때문입니다. 가룟 유다와 베드로를 비교해 보십시오. 베드로는 주님이 누구이시며, 어떤 분이신지 알았고 서로 질문하고 대화하면서 "일곱 번을 일흔 번까지라도 용서하라"고 하신 주님을 경험했습니다(마 18:22). 그에 비해 가룟 유다에게는 예수님과 대화를 나눌 기회가 없었습니다. 그의 관심은 오로지 돈에 있었습니다.

어떻게 보면 예수님을 판 가룟 유다나 예수님을 세 번이나 부인한 베드로나 둘 다 죄질이 좋지 않습니다. 하지만 베드로는 주님을 알았기에 돌이켜 회복하는 방법 역시 알았습니다. '내가 이렇게 큰 죄를 지어도 용서하시는 하나님, 일곱 번을 일흔 번까지라도 용서하라고 하신 주님은 나의 용서받을 수 없는 이 죄까지도 용서해 주실 거야'라는 믿음이 있었던 것입니다. 베드로는 주님을 알았던 것입니다. 한편 가룟 유다는 양심적이었습니다. '내가 어떻게 내 스승을 은 30에 팔아 버렸단 말인가. 나는 내가 저지른 잘못에 책임을 져야 한다' 하면서 스스로 목매어 세상을 떠났습니다.

두 사람의 삶의 차이가 무엇일까요? 죽는 것으로 이 세상의 모든 책임을 다할 수 있습니까? 결코 그렇지 않습니다. 베드로는 어쩌면 죽음보다 더 심각한 문제에 빠졌지만 죽음이 아니라 하나님께 돌이킴으로써 더 존귀하고 아름다운 인생을 살게 되었습니다. 실패로 끝난 것이 아니라, 실패가 있었기에 더욱더 견고하게 살 수 있었던 것입니다. 실패를 통해 새로운 인생을 살게 된 것입니다.

다윗은 우리아의 아내 밧세바를 범한 후 하나님 앞에서 눈물로 회개했습니다. 그 후 다윗이 나이가 많아 늙었을 때 신하들이 왕의 몸을 따뜻하게 해 주기 위해 아비삭이라는 여인을 들였습니다. 그러나 다윗은 그녀에게 범죄하지 않았습니다. 실패를 경험 삼아 죄를 반복해서 짓지 않았던 것입니다.

그러므로 기억하십시오. 우리가 어떤 실패 가운데 처했을지라도, 어떤 인생의 기로에 서 있다 할지라도 우리에게 중요한 것은 전문지식이나 방법이 아니라, 하나님이 어떤 분이신지를 아는 것입니다. 마태복음 25장에는 주인에게서 다섯 달란트, 두 달란트, 한 달란트를 받은 종들에 관한 이야기가 나옵니다. 한 달란트 받은 사람이 실패했던 이유가 무엇입니까? 주인이 어떤 사람인지를 몰랐기 때문입니다. 우리는 주님을 힘써 알아야 합니다. 주님을 알지 못하는 인생은 실패할 수밖에 없습니다.

요나는 자기 생각과 신념을 가지고 하나님의 계획을 무시했습니다. 그는 하나님을 알지 못했고, 주님과의 관계에서 실패했습니다. 하나님과 우리 사이는 타협이나 절충의 관계가 아닙니다. 절대적인 관계요, 순종의 관계입니다.

실패에서
회복으로

이제 요나가 회복될 수 있었던 이유가 요나서 2장에 나옵니다. 첫 번째로 요나에게서 볼 수 있는 회복의 시작점은 고난에 처해 희망이 다 사라졌을 때, 가능성이 전혀 없을 때 기도하기 시작했다는 것입니다. 히브리어 원문이나 KJV 성경을 보면 2장 1절 앞에 'Then'이라는 단어가 나옵니다. 해석하면 '그때에 요나'입니다. 요나는 하나님이 "니느웨로 가라" 하실 때 하나님께 기도로 여쭈어 보지 않았습니다. 그러나 여기, '그때' 물고기 배 속에서, 고난 가운데서 요나는 드디어 기도하기 시작했습니다.

회복의 시작은 기도입니다. 문제의 해결책이 하나님께 있음을 알고 기도의 자리로 나갈 때 하나님은 우리가 안고 있는 수많은 문제들, 즉 자녀와의 관계, 가정생활, 동료나 성도와의 관계 등을 회복시켜 주십니다. 어떤 경우 하나님은 요나처럼 강제로 기도하게 만들기도 하십니다. 그 과정을 통과한 다음에야 하나님이 원하시는 사람이 될 수 있고, 하나님이 원하시는 사역을 하나님께 온전히 드리는 일에 쓰임 받을 수 있습니다.

우리가 기도하지 못하는 이유가 무엇일까요? 인간은 절박하지 않으면 기도하지 않습니다. 자구책이나 일말의 가능성이라도 가진 사람은 기도하지 않습니다. 하나님께 기도하지 않아도 내게 돈이 있으면, 내 마음이 평안하면 절대로 기도의 자리에 나가지 않습니다. 신앙생활이 취미생활처럼 되는 것입니다. 하지만 그러한 사람이라 할지라도 절박해지면 달라집니다. 하나님 앞에 나가 간절한 마음으로 무릎을 꿇습니다.

요나는 기도할 수 없는 상황에서 기도했습니다. 요나가 기도하고 있는 물고기 배 속을 상상해 보십시오. 따뜻하고 아늑한 공간에 십자가가 놓여 있고, 은은한 조명이 비치고, 고상하게 자리한 조그만 탁자에 빵이 담긴 접시가 놓인 곳이 아닙니다. 비린내가 진동할뿐더러 계속해서 사방이 요동칩니다. 죽음의 두려움과 공포가 엄습하는 그곳, 물고기 배 속에서 요나가 한 일이 무엇입니까? 살기 위해서 몸부림치지 않았습니다. 요나는 하나님 앞에 나갔습니다.

실패 없는 인생이 어디 있겠습니까? 실패에서 회복된 사람들의 공통적인 특징이 있습니다. 첫째, 기도를 시작하는 것입니다. 기도할 수 없는 상황 속에서도 기도하는 것입니다. 기도하는 자리에 있는 사람이라면 누구나 하나님이 삶 가운데 베푸시는 은혜를 분명히 기억하게 될 것입니다.

둘째, 하나님과의 관계 회복에 우선순위를 두는 것입니다. 7절에서 요나는 "내가 여호와를 생각하였더니"라고 고백했습니다. 누구든 나와 관계없는 사람은 생각나지도 않고, 생각하고 싶지도 않습니다. 요나도 마찬가지였을 것입니다. 그래서 물고기 배 속 깊이 들어가기 전까지는 하나님을 생각하려고 하지 않았습니다. 내 신념, 내 계획, 내 뜻, 내 능력, 나에 대한 좋은 평가에 참 만족과 기쁨이 있다고 여겼던 것입니다. 그러나 이제 요나는 자기 삶 속에서 하나님과의 관계가 열리는 것이 최우선순위라는 생각을 하기 시작했습니다.

가정에는 부부 간의 문제, 자녀의 문제, 고부간의 문제 등 다양한 문제가 산적해 있습니다. 그중 자녀로 인해 애쓰는 부모들이 종종 있습니다. 그런데 가만 생각해 보면, 부모들이 열심히 부모 노릇을 하지만 결과가 생각만큼 좋지가 않은 것 같습니다. 물론 열심히 부모 노릇을 하는 것은 매우 중요합니다. 하지만 더욱 중요한 것은 기도함으로 하나님이 일하시게 해야 한다는 것입니다. 즉 자녀 문제에 대해서 하나님이 일하시게 하고 부모는 기도하느라 바빠야 합니다.

이사야서를 보면, "그[하나님]로 쉬지 못하시게 하라"(사 62:7)라는 말씀이 나옵니다. 하나님이 쉬지 못하시게 하려면 어떻게 해야 할까요? 끊임없이 기도해야 합니다. 기도하다 보면 하나님과의 관계가 가까워집니다. 우리는 보통 가까운 사람의 이야기를 듣지 않습니까? 이처럼 요나는 하나님과의 관계 회복을 우선함으로써 회복을 경험할 수 있었습니다.

셋째, 생명의 가치를 깨달은 것입니다. 다른 말로 하면, 하나님의 계획, 하나님의 뜻, 하나님의 섭리를 깨닫게 되는 것입니다. 언제 깨닫습니까? 죽을 지경에 빠졌을 때입니다. 사람에게서 세상에서 가장 큰 일은 바로 자기 일입니다. 세상에서 가장 아픈 일은 자기가 아픈 것입니다. 객관적인 일의 규모는 중요하지 않습니다. 단지 자기 일이냐, 남의 일이냐가 관건입니다.

요나는 하나님이 자신에게 주신 하나님의 말씀이 자기 생명보다 더 소중한 명령이라는 사실을 마침내 깨닫게 되었습니다. 자기가 생명을 잃어버리게 된 바로 그 지점까지 가서였습니다.

그래서 중보기도를 하면서 중보기도 대상자와 동일한 고통과 아픔을 겪은 사람은 기도가 절박합니다. 그 일의 가치와 아픔을 알기 때문입니다. 동일하게 요나의 마음속에 하나님의 마음이 들어왔습니다. 원수라 할지라도 하나님의 계획을 따라 살리시는 그분의 뜻을 깨달아 하나님이 귀하게 여기시는 가치를 삶의 우선순위로 삼게 된 것입니다.

신앙의 성숙은 내가 아니라 '주님이 우선순위로 여기시는 것이 무엇인가?'에 삶의 초점을 두는 데 있습니다. 내 마음이 언제 바뀌었는지를 생각해 보면, 위기와 어려움 가운데 처했을 때가 많습니다. 그 속에서 우리는 본질을 찾아가는 것입니다.

넷째, 하나님께 감사하기 시작하는 것입니다. 요나에게서 고난이 벗어지고 하나님이 그에게 새로운 기회를 주신 이유는 하나님께 감사하기 시작했기 때문입니다. 감사는 참 중요합니다. 요나는 감사할 수 없는 자리에서 감사로 자기 삶을 하나님께 고백하기 시작했습니다. 8절에서 요나는 "거짓되고 헛된 것을 숭상하는 모든 자는 자기에게 베푸신 은혜를 버렸사오나"라고 하면서 자신의 모습을 돌아보았습니다. 그리고 요나가 이어지는 9절에서 "나는 감사하는 목소리로 주께 제사를 드리며 나의 서원을 주께 갚겠나이다 구원은 여호와께 속하였나이다"라고 말하며 감사하자 그는 비로소 물고기 배 속에서 나올 수 있었습니다. 하나님이 물고기에게 요나를 육지에 토하게 하신 것입니다.

고난과 실패 가운데 있을 때 우리 입술에서 떠나지 말아야 할 언어가 있습니다. "주님, 감사합니다"입니다. 의미 없는 감사라도 습관처럼 고백하십시오. 그러면 감사가 나로 하여금 고난에서 벗어나 회복의 자리로 이끌어 줍니다. 한번 자기 고집대로 생각하고 살아 보십시오. 자신만이 세상에서 가장 잘 사는 것처럼, 옳은 것처럼 여기면 결국은 친구가 곁에 없어집니다. 주변에 사람이 없습니다. 삶의 기쁨과 보람을 잃어버리게 되는 것입니다. 입술에서 감사가 나오기 시작할 때 회복의 역사가 이루어집니다.

하나님은 실패를 통해 우리 자신을 발견하게 하십니다. 내가 가장 소중하게 여기는 것이 무엇인지를 드러내시려는 것입니다. 저는 때로 하나님을 원망하면서 슬퍼하고 아파했습니다. 하나님이 제 계획을 다 막으신 것 같았기 때문입니다. 그러나 돌아보니 분명 하나님의 인도하심이었습니다.

실패를 아파하지 마십시오. 하나님이 "그 길은 아니야" 하시며 그 길에서 우리를 다시 붙드십니다. 살면서 겪은 상실의 아픔, 깊은 좌절, 당장이라도 죽어서 천국에 가고 싶을 만큼 힘든 순간에 하나님은 저를 찾아오셨습니다. 하나님은 마치 이렇게 말씀하시는 것 같았습니다. "미안하다. 너무 미안해. 그런데 이 방법밖에는 없었어. 내가 너를 도와줄게." 이후 하나님이 저를 위로해 주신 일이 얼마나 많은지 모릅니다.

실패해 넘어졌을 때 하나님 앞으로 나아가십시오. 그때 하나님의 위로가 임해 우리의 실패가 아픔 그대로 남지 않을 수 있습니다. 하나님은 우리의 연약한 육체와 찢긴 마음의 상처를 어루만져 주시고, 우리를 위로하고 축복해 주십니다.

02

유혹에
넘어갔다고
다 끝난 것이
아니다

_경계선 찾기

삿 16:15-22

유혹과 시험이
찾아올 때

고대 신화에 사이렌이라는 이름의 요정이 나옵니다. 사이렌은 지중해 연안의 한 섬에 살면서 지나가는 선원들을 유혹하는 노래를 불렀습니다. 선원들은 홀린 듯 노래 소리를 향해 배를 몰았고, 결국 파선되어 사이렌에게 잡아먹히고 말았습니다. 오디세이왕이 전쟁을 마치고 돌아갈 때 그 정보를 입수하고는 선원들의 귀를 전부 밀랍으로 막았습니다. 그러고는 자기는 배의 기둥에 묶어 달라고 했으며, 자기가 무슨 말을 해도 절대 듣지 말라고 명령했습니다.

  드디어 사이렌이 살고 있는 섬 주위를 지나가게 되었습니다. 사이렌이 노래를 부르기 시작했습니다. 오디세이왕의 지치고 힘든 마음을 알아주는 아름다운 선율에 왕은 어쩔 줄 몰라 했습니다. 왕이 선원들에게 노래 소리를 향해 배를 돌리라고 명령했지만 당연히 선원들은 듣지 않았습니다. 무리는 무사히 섬을 지나갈 수 있었고, 실패한 사이렌은 바다에 빠져 죽었다고 합니다.

우리는 살면서 때로 유혹에 쉽게 넘어가 인생이 파멸에 이르곤 합니다. 자신은 건강하고 정상적으로 잘 살고 있다고 생각할지 모릅니다. 하지만 유혹 중에서도 가장 궁극적인 것은 하나님이 주신 자원과 축복으로 이 땅에 나를 보내신 하나님의 뜻을 이루지 못하게 막는 것입니다. 결국 하나님이 주신 사명을 감당하지 못하고 허송세월하게 만드는 유혹이 우리 주변에는 너무 많습니다.

세상에서 대단한 직업을 가진 사람이라 할지라도 하나님 앞에서는 그 인생이 별로 의미가 없습니다. 하나님의 관점은 하나님이 우리를 이 땅에 보내면서 주신 달란트로 하나님이 기뻐하시는 일을 얼마나 감당했는지에 있기 때문입니다. 그래서 하나님은 우리가 힘들고 어려운 중에서도 하나님이 기뻐하시는 일을 얼마나 해 냈는지를 물어보십니다. 그런데 만약 사람들이 존경하고 사랑하는 것 자체를 잘 살고 있는 증거라고 여긴다면 인생의 마지막에 잘못 살았다고 후회해도 소용이 없습니다. 그런 의미에서 인생에서 가장 비참한 사람은 깨달았는데 돌이킬 기회가 없는 사람들입니다.

유혹은 몇 가지 특징이 있습니다. 첫째, 유혹은 우리 내면에 있는 가장 연약한 부분, 가장 인간적이고 탐욕스런 부분을 잘 알아서 우리가 진정 해야 할 일을 잊어버리게 만듭니다. 나도 모르게 사이렌이 노래를 부르는 쪽으로 집중해서 향하게 되는 것입니다. 둘째, 유혹은 자기가 생각하고 판단하는 것이 옳다고 믿으면서 그대로 행하게 만듭니다. 그래서 하나님의 뜻을 잊고 세상에 속해 살아가도록 합니다.

성경에는 유혹(Temptation)과 시험(Test)을 비교하는 내용이 나옵니다. 시험은 하나님이 우리의 역량을 기르기 위해서 우리를 훈련시키시는 도구입니다. 그러나 유혹은 우리를 파멸로 내모는 것을 목적으로 합니다. 시험의 끝은 성공이요 승리이지만, 유혹의 끝은 파멸인 것입니다. 그런데 감사하게도, 유혹이든 시험이든 하나님의 사랑을 깨닫고 하나님께로 돌아가는 사람은 실패와 파멸로 끝나지 않도록 하나님이 항상 붙들어 주십니다. 인생을 돌아보면, 가장 잘되고 스스로 가장 괜찮다고 생각한 그때가 사실은 유혹에 가장 많이 노출되어 있었다는 것을 알 수 있습니다.

실패한 삼손에게 없었던
3가지

삼손은 강한 남자였습니다. 그에게는 불가능한 일이 없었습니다. 나귀 턱뼈로 1,000명의 군사들을 죽일 만큼 힘이 있었고, 퀴즈를 잘 내는 지혜도 있었습니다. 한 나라의 군대나 한 나라의 정권이 그 한 사람을 감당하지 못하는 절대적인 힘을 가진 사람이었습니다. 오늘날로 말하면 5개 국어를 구사하고, 인물도 출중하고, 사람들에게 존경도 받고, 힘과 권력도 있는 소위 '엄친아'였습니다. 그런데 그런 삼손이 실패했습니다. 전부 잃어버리고 파멸에 이르고 만 것입니다. 삼손이 실패한 이유는 과연 무엇일까요?

첫째, 삼손은 인생의 경계선을 지키지 못했습니다. 경계선이란 담과 같은 것입니다. 삼손은 자신이 해야 할 일과 해서는 안 되는 일을 분별하지 못했습니다. 모든 것이 내게 가하나 다 유익은 아니라는 사실을 몰랐던 것입니다. '내가 할 수 있다는 것 자체가 축복이구나. 내가 가진 것, 아는 것이 축복이구나. 모두가 다 자랑거리구나'라고 생각하며 착각했을 뿐, 절제를 염두에 두지는 않았습니다. 그래서 자기가 하고 싶은 대로 다 했습니다. 당시 사사 시대의 특징이 자기 소견에 옳은 대로 행한 것(삿 21:25)이지 않습니까?

세상을 지혜롭게 산 사람들의 특징 중 하나는 할 수 있지만 해서는 안 되는 일이 무엇인지 알았다는 것입니다. 리처드 포스터(Richard Foster)는 《돈 섹스 권력》(두란노, 2011)에서 돈, 섹스, 권력을 분명한 기준으로 사용할 줄 아는 사람은 인생이 풍요롭지만, 그렇지 않은 사람은 파멸에 이르게 된다고 말했습니다. 섹스를 예로 들어 봅시다. 한 여자에 만족하지 못하고 경계선을 넘어 버리면 두 여자, 또 만족 못하면 세 여자가 됩니다. 그렇게 자기 마음대로 살면 가정이 깨지고 아픔과 상처만 남습니다. 당연히 자신도 처참해지고, 결국 자녀들의 인생도 불행해집니다. 불행은 여기서 끝나지 않고 사회에 영향을 주고, 사회는 혼란스러워지며, 마침내 타락한 성문화를 형성시킵니다.

느헤미야는 성벽이 무너지면 성안에 사는 백성이 바로 살지 못한다는 것을 알았습니다. 따라서 성벽을 건축한 다음 성문을 통해 그들의 삶을 통제했습니다. 들어가고 나가는 시간에 문을 열고, 누가 들어오는지, 들어오지 않는지를 살폈습니다. 성문이 곧 경계선이었습니다. 하나님의 공동체가 유지될 수 있었던 힘이 바로 성문에 있었던 것입니다. 우리는 "여호와여 내 입에 파수꾼을 세우시고 내 입술의 문을 지키소서"(시 141:3)라고 기도합니다. 말이 입 밖으로 나가는 것을 통제하지 않으면 입술로 짓는 죄가 참 많기 때문입니다. 돈도, 오락도 적당하게 기준을 세워서 사용해야 하는데 기준이 없으면 점점 중독에 빠지게 됩니다.

요셉은 자기 한계를 잘 아는 사람이었습니다. 따라서 그는 자신이 가장 연약할 때 자기 삶을 지킬 수 있었습니다. 첫 번째 경계선은 보디발의 아내가 요셉에게 눈짓하다가 동침하기를 청할 때 "주인이 아무것도 내게 금하지 아니하였어도 금한 것은 당신뿐이니 당신은 그의 아내임이라 그런즉 내가 어찌 이 큰 악을 행하여 하나님께 죄를 지으리이까"(창 39:9)라는 요셉의 말에서 알 수 있습니다. 그리고 두 번째 경계선은 사람들이 아무도 없을 때 보디발의 아내가 요셉의 옷을 잡고 또다시 "나와 동침하자"고 말할 때 자기 옷을 여인의 손에 버려 두고 밖으로 나갔던 것입니다(창 39:12). 20세 청년 요셉은 정욕을 이기며 자기 경계선을 지켰던 것입니다.

그런데 삼손에게는 경계선이 없었습니다. 그는 하고 싶은 대로 다 했습니다. 결국 그는 처참하게 실패하고 말았습니다.

둘째, 삼손은 자기 정체성을 잃어버렸기에 실패했습니다. 삼손은 나실인이었습니다. 나실인이란 '성별된 자'라는 뜻을 가지고 있으며, 하나님의 사사로서 순수성을 보존하기 위해 하나님께 헌신한 사람을 말합니다.

당시 이스라엘 백성은 40년 동안 블레셋 민족에게 지배를 당했습니다. 그들은 타 민족에게 압제당하는 삶에 익숙해 있었습니다. 사람은 어떤 상황에 익숙해지면 새로운 변화나 발전을 꾀하려고 애쓰기보다 스스로 포기하고 살아가려는 경향이 있습니다. 그때 하나님이 삼손을 보내 이스라엘 백성에게 "너희는 이방인에게 지배당하고 살아야 하는 백성이 아니다"라고 알려 주셨습니다. 하나님은 하나님의 백성에게 "너희는 택함을 받아 나의 거룩한 자녀가 되었다. 따라서 너희는 이 땅에서 축복의 통로로 살아야 한다"라고 말씀하셨습니다. 그런데 하나님의 백성은 그 사실을 잊어버린 채 주어진 상황대로 살면 된다고 받아들였던 것입니다.

삼손은 자신이 나실인으로서 부정한 것을 접하지 않고, 포도주와 독주를 멀리하고, 머리에 삭도를 대지 않는 등 구별되어 살아가야 한다는 사실을 잊었습니다. 우리도 마찬가지입니다. 세상과 구별되어 살아가야 한다는 사실을 자꾸 잊어버립니다. 그렇다면 우리는 왜 구별된 삶을 살아야 하는 것일까요? 다른 사람과 비교해 도덕적 우월함을 나타내기 위해서가 아닙니다. 우리에게는 하나님이 주신 특별한 사명이 있기 때문입니다. 하나님은 우리를 이 땅에 보내셨습니다. 그런데 주님이 왜 나를 구원하셔서 하나님의 자녀 삼아 주셨는지를 모른다면 주님께 기도해야 합니다.

　우리가 오늘도 살아야 하는 이유가 무엇입니까? 잘 살고 편안하게 사는 것이 중요한 것이 아닙니다. 어떤 형편에 처해 있든 우리는 하늘에 계신 우리 아버지와의 관계를 최우선순위로 여겨야 합니다. 공급이 하나님 아버지께로부터 오기 때문입니다. 주기도문은 "하늘에 계신 우리 아버지" 하고 하나님을 부른 후 "아버지의 이름을 거룩하게 하시며"라고 기도하라고 가르칩니다. 우리는 주기도문을 따라 "아버지의 이름이 나로 인해 참 영광을 받게 하옵소서. 아버지의 이름이 높임을 받고, 열방이 주님을 찬양할 수 있도록 내가 구별되어 살아가게 해 주옵소서. 하나님 나라가 이 땅에 임하게 해 주옵소서. 하나님의 통치가 내 마음속, 인간관계, 가정, 교회에 임하게 해 주옵소서"라고 기도해야 합니다.

　그런데 우리는 본능대로, 내가 살아온 방식대로 살아가기를 고집합니다. 그러니까 예수를 믿어도 삶에 변화가 없고 인격이 그대로입니다. 하나님이 왜 직분을 맡겨 주셨는지, 왜 이처럼 놀라운 축복을 주셨는지, 왜 감당하지 못하는 고난을 주셨는지 등과 같은 질문에 확실한 정체성을 가지고 대답할 수 있는 사람은 다른 선택을 합니다. 성경은 이상하게도, "환난 날에 나를 부르라 내가 너를 건지리니 네가 나를 영화롭게 하리로다"(시 50:15)라고 말합니다. 우리는 환난과 고난 가운데 오히려 '하나님이 살아 계시는구나. 하나님이 함께하시는구나'라는 사실을 깨달을 수 있습니다. 어려운 상황에서도 하나님의 자녀답게 살아가면 우리의 삶을 통해 하나님을 더욱 영화롭게 할 수 있는 것입니다.

또한 우리는 "아버지의 뜻이 하늘에서와 같이 땅에서도 이루어지게 하소서"라고 기도해야 합니다. 오늘날 성도들은 아버지의 뜻이 아니라 자기의 생각과 사고와 목적, 즉 자기의 뜻을 관철시키고자 무던히 애를 씁니다. 그러나 우리는 하나님의 뜻이 나를 통해 이루어지도록 구하고, 또한 그렇게 삶을 살아 내야 합니다. 바로 이것이 그리스도인인 우리의 정체성이며, 우리는 이 정체성을 잃으면 그때부터 상황과 기질과 환경에 스스로를 맡긴 채 바람 가는 대로 살게 됩니다. 삼손이 그렇게 살았습니다. 자기가 누구인지, 왜 하나님이 그토록 놀라운 힘을 자신에게 주었는지 모르는 채 사는 것입니다.

출애굽한 이스라엘 백성은 광야에서 방랑했습니다. 그들은 모세가 잠시 하나님을 뵈러 산에 올라갔을 때 그의 부재를 참지 못하고, 왜 하나님이 자신들을 구하셔서 하나님의 백성으로 삼으셨는지를 잊어버리고 말았습니다. 그때 그들은 노예가 가질 수 없는 금붙이, 하나님이 애굽 사람들을 통해 선물로 주신 패물로 법궤가 아니라 송아지를 만들어 우상으로 섬겼습니다.

제가 몸이 아프고 나서 보니, '죄짓는 사람은 힘도 좋다'는 생각이 들었습니다. 힘이 없으면 죄도 못 짓습니다. 우리는 하나님이 은혜를 주시지 않으면 죄지을 능력도 없는 연약한 존재인 것입니다. 이스라엘 백성을 보십시오. 하나님이 주신 만나와 메추라기를 먹고 힘을 얻어서 죄를 지었습니다. 그들은 구름 기둥과 불 기둥의 보호 아래 죄를 지은 것입니다.

오늘날 우리는 어떻습니까? 축복이라고 생각하는 돈이나 명예 또는 자식 때문에 죄를 짓고 살아가지 않습니까? 하나님이 나에게 왜 그러한 복을 주셨는지, 내게 무엇을 원하시는지에 대한 사명감이 없으면, 오늘도 그저 상황을 따라 가고 기질대로 할 뿐입니다. 그러나 정체성이 분명한 사람은 기질과 상황을 극복합니다. 환경을 바꿔 나가는 힘이 있는 것입니다.

셋째, 삼손은 자기에게 약점이 있다는 사실을 알지 못했기에 실패했습니다. 그는 하나님이 자신에게 주신 사명을 감당하지 못하게 하는 구체적인 영적 실체가 있다는 사실을 알지 못했습니다. 삼손이 자신에게서 여호와의 신이 떠난 것을 언제 알았습니까? 그가 하나님이 주신 언약에서 멀어지고 들릴라의 계략에 넘어가 삭도에 머리카락이 다 밀리고 힘이 빠져

나간 뒤에야 알았습니다. 그때 비로소 '아, 지금까지 나는 내 힘으로 산 것이 아니구나. 내가 원래 힘이 좋아서 블레셋이 나를 못 이긴 것이 아니구나!' 하고 깨달았던 것입니다.

힘들고 어려워도 주님은 약속하신 대로 오늘 내 안에 계십니다. 그리고 내가 의식하든 의식하지 않든 약속하신 대로 행하십니다. 내가 알 수 있든 없든, 성령이 나를 지켜 주십니다. 이 사실을 깨달은 사람은 "아, 나는 오늘도 은혜로 살았다!" 하고 고백합니다. 그렇지 않은 사람은 자기 약점을 잘 모르는 채 자기 기준대로 살아갑니다.

다윗의 잘난 아들 압살롬은 자신의 화려한 머리카락 때문에 죽었습니다(삼하 18:9). 이처럼 인간은 자기가 자랑하고 잘하는 것이 분명할수록 그 그림자가 더 짙다는 사실을 잘 모릅니다. 그것을 통해 오늘도 나를 파멸하려는 사탄이라는 존재가 있다는 사실을 알지 못하는 것입니다. 그러므로 우리는 우리를 구체적으로 추적하고, 뒷조사하고, 따라다니면서 끝까지 파멸로 몰아넣는 존재가 우리 곁에 늘 도사리고 있다는 것을 기억해야 합니다. 오늘도 내가 하나님의 뜻대로 하나님이 기뻐하시고 원하시는 일을 하지 못하도록 방해하는 존재, 단지 내가 좋아하고 하고 싶은 대로 하게 하는 치밀한 존재가 있음을 의식하고 살아야 하는 것입니다.

영적으로 성숙한 사람은 기도로 방어하고, 하나님의 말씀대로 살려고 몸부림을 칩니다. 자기 힘으로는 사탄을 이길 수 없다는 것을 잘 알기 때문입니다. 그런데 삼손은 이 사실을 몰랐습니다. 그의 삶 가운데 여호와의 신, 하나님의 은혜가 항상 있어서 약점과 연약함에도 불구하고 이 땅을 살아가고 있는 것임을 깨닫지 못한 것입니다.

예수님도 가장 약할 때 사탄의 유혹을 받으셨습니다. 사탄은 예수님이 40일간의 금식으로 굶주리셨을 때 찾아와서 돌들로 떡을 만들어 먹으라고 유혹했습니다. 그리고 사역을 하려면 사람들을 모아야 하니까 저 높은 성전 꼭대기에서 뛰어내리라고 했습니다. 그때 천사들이 받으면 사람들이 따라올 것이라면서 말입니다. 또한 자신에게 절을 하면 이 세상 권세를 주겠다고 기가 막히게 유혹했습니다 (마 4:1-11). 이처럼 사탄은 필요에 따라 인간의 마음을 유혹하는 교묘한 존재입니다.

연약함을 깨닫고
하나님께 기도하라

사탄의 유혹을 이길 수 있는 무기는 기도밖에 없습니다. 그러므로 우리는 기도해야 합니다. 삼손이 실패를 극복하고 하나님의 뜻을 이룰 수 있었던 이유 중에 첫 번째는 그가 기도하기 시작했기 때문입니다. 삼손에 대한 성경의 기록을 살펴보면 기도했다는 내용을 찾을 수가 없습니다. 그러나 그는 블레셋의 쇠사슬에 묶이고 눈알이 뽑히고 나서야 기도했습니다.

교만한 사람은 결코 기도할 수 없습니다. 하나님의 주권을 의식하지 않는 사람에게는 기도할 이유가 없습니다. 그러나 기도 아니면 살 수 없는 자세가 우리에게 필요합니다. '나는 연약한 인간이구나. 내 삶에는 하나님의 도우심이 필요하구나. 내가 지금 평안하고 잘 살고 있는 이유는 하나님이 나와 함께해 주시기 때문이구나'라는 의식이 필요합니다. 또한 절박한 문제 때문에 하나님 앞에 엎드리게 된다면 그 문제가 오히려 감사가 될 것입니다. 우리에게는 겸손하게 기도하지 않으면 살아갈 수 없다는, 삶에 대한 확실한 위기의식이 필요합니다.

교회 일을 하니까 주의 일을 한다고 착각해선 안 됩니다. 교회 일을 하면서도 '이것이 정말 주님이 기뻐하시는 일인가?' 하고 두려움을 갖고 자기 자신을 살펴야 합니다. 주부로서 가정에서 일하든, 직장에서 일하든, 그 일이 주의 일이 아니라고 생각해선 안 됩니다. 내가 하는 어떤 일이 주의 일이 아니라, 내 삶의 초점을 하나님이 나를 통해 이루기 원하시는 주님의 뜻에 맞추는 것이 바로 주의 일입니다.

　우리는 자신이 있는 자리에서 하나님이 주신 사명을 붙들고 하나님의 절대 주권을 인정하고 살아가는 삶에 초점을 맞추어야 합니다. 그리고 주님의 뜻은 하나님이 영광을 받으시는 것, 내가 하나님께 영광을 올려 드리는 것입니다. 그럼으로써 하나님의 은혜를 인정하고 고백하는 것입니다. 이는 그 자체로 거룩한 일이며, 종교개혁에 지대한 영향을 준 직업에 대한 인식 변화요, 소명에 관한 내용입니다.

　하나님의 사람, 실패를 극복한 사람들의 공통적인 특징은 자기 발견입니다. 하나님의 도우심과 자비하심과 은혜 없이는 단 하루도 살아갈 수 없는 존재임을 고백하는 것입니다. 그들은 자녀를 양육하거나 집안일을 할 때도 주님께 여쭤봅니다.

　여호수아는 여리고성 전투에서 이긴 다음 승리감에 도취된 나머지 하나님께 여쭈어 보지 않은 채 아이성 전투를 치렀습니다. 결과는 패배였습니다. 또한 하나님께 물어보지 않고 하나님이 금하신 기브온 족속과 언약을 맺었고, 그 일이 나중에는 올무가 되었습니다. 그럼에도 불구하고 하나님은 여리고의 실수까지도 유익하게 이끌어 가신 것을 확인할 수 있습니다.

　기도란 세상적인 말로 표현하면 생각하는 것이라고 할 수 있습니다. 말하기 전에 생각하는 것처럼, 어떤 일을 행하기 전에 "하나님, 이것이 하나님이 기뻐하시는 일입니까? 오늘 하나님이 기뻐하시는 일이 무엇입니까?"라고 묻는 것입니다. "주님이 도와주시지 않으면 저는 아무것도 할 수 없습니다"라고 말씀드리며 은혜를 구하는 것입니다. 기도할 때 변화가 일어나기 시작합니다.

삼손이 실패를 회복할 수 있었던 두 번째 이유는 자기의 약점을 깨달았기 때문입니다. 삼손은 힘이 없어지고 나서야 자기 약점을 알게 되었습니다. 삼손은 '내가 지금 쇠사슬에 묶이고 눈알이 뽑혀서 아무 일도 할 수 없지만 하나님께 영광 돌릴 수 있는 일이 있다면 무엇일까?' 하고 생각했고, 마침내 처음으로 주님께 도움을 요청했습니다. "주 여호와여 구하옵나니 나를 생각하옵소서 하나님이여 구하옵나니 이번만 나를 강하게 하사 나의 두 눈을 뺀 블레셋 사람에게 원수를 단번에 갚게 하옵소서"(삿 16:28). 그리고 하나님이 주신 힘으로 블레셋 신전 기둥을 무너뜨렸을 때 그가 살았을 때 죽인 자보다 더욱 많은 블레셋 사람이 죽었습니다. 결국 삼손은 하나님께 영광을 돌리는 인생으로 남을 수 있었습니다. 우리 역시 연약합니다. 그러나 우리의 약점을 알고 주님께 도우심을 구할 때 하나님이 모든 것을 유익하고 복이 되게 하실 것입니다. 또한 우리의 정체성을 다시 회복시켜 주실 것입니다.

때로 우리는 실패하고 유혹에 넘어갈 수 있습니다. 그러나 그 순간, 돌이킬 수 있는 길이 우리 앞에 놓여 있습니다. 다시 시작할 수 있는 기회가 있다는 것이 얼마나 감사합니까! 그 시작은 기도입니다. 자신의 연약함을 알고 하나님께 도움을 구하는 것입니다. 인간의 최대 약점이 무엇일까요? 내 힘으로는 이 세상을 이길 수 없고 하나님이 기뻐하시는 거룩한 일을 할 수 없다는 것입니다. 우리가 기도로 나아갈 때 하나님은 분명 삼손을 회복시키신 것처럼 우리의 정체성과 하나님과의 관계를 회복시키시는 은혜를 부어 주실 것입니다.

썩어질 것에 소망을 두었던 닻을 거두고
말씀에 소망의 닻을 내리게 하옵소서.
인생에서 더 소중한 것들을 바라보며
아버지를 영화롭게 하는 삶이 되게 하옵소서

03

인생에
흉년이 왔다면
그때가
진짜다

_ 고난의 태도 배우기

롯 1:1-5 / 19-22

텅 빈
인생

인생을 살면서 흉년을 만날 때가 있습니다. 인생이 궁핍하고 어려울 때가 있습니다. 이 장 본문의 성경책 이름은 '룻기'이지만, 사실 이야기의 주인공은 나오미입니다. 나오미의 텅 빈 인생이 어떻게 꽉 찬 인생으로 새롭게 변화될 수 있었는지를 이야기해 줍니다.

    인생에서 흉년을 만났을 때 우리는 어떻게 해야 할까요? 실패를 극복해서 아름답게 살아가는 사람들은 어떤 자세와 태도로 어려움을 받아들이느냐에 따라 다른 결과를 맞이하게 된다고 이야기하곤 합니다. 그리고 우리는 아픔과 고통과 실패를 통해 좀 더 겸손해지고, 하나님의 은혜를 발견하게 되며, 이웃을 조금이라도 돌아보는 여유가 생깁니다. 물론 실패와 고통이 상처가 되어 회복 불가능한 흔적으로 남을 수도 있습니다. 하지만 고난과 시련이 없다면 우리는 굉장히 교만해질 것입니다.

    이 장에서는 "인생에서 어려움을 만났을 때 우리는 어떻게 해야 할 것인가?"라는 질문에 대한 답을 나오미의 가정을 통해서 살펴보겠습니다. 나오미의 남편인 엘리멜렉의 이름은 '하나님은 나의 왕이시다'라는 뜻을 가지고 있습니다. 나오미의 이름 뜻은 '기쁨'입니다. 그들은 베들레헴에 흉년이 들자 비교적 흉년의 영향을 적게 받은 모압 지방으로 이사를 갔습니다. 베들레헴은 '떡집'이라는 뜻을 가지고 있습니다. 떡집에 떡이 없는 불행하고 고통스런 일이 나오미의 가정에 일어났던 것입니다. 모압 지방에서 그들은 자연스럽게 이방 여인들을 며느리로 맞이했습니다. 그런데 불행하게도 살려고 간 모압 땅에서 엘리멜렉과 두 아들이 다 죽었고, 10년 만에 과부 세 사람만 남았습니다.

나오미의 가정이 실패한 4가지 이유

나오미의 가정은 왜 실패했을까요? 원인을 어디서 찾을 수 있을까요? 그리고 실패란 궁극적으로 무엇을 의미하며, 성공이란 무엇일까요? 가족이 다 죽고 어려워진 것이 실패가 아닙니다. 우리가 풍족하든 궁핍하든 하나님의 뜻대로 살지 못하고 사명을 감당하지 못하게 뒤흔드는 것이 사탄의 전략이며, 그 전략에 넘어가는 것이 바로 실패입니다. 한편 돈을 많이 벌고, 학식이 높고, 사람들이 존경하고, 목표했던 일을 많이 이룬 것을 성공이라고 할 수 없습니다. 내가 얼마만큼 하나님의 뜻을 이루며 살았는가가 진정한 성공인 것입니다. 우리는 실패와 성공의 정의를 잘 기억해야 합니다.

나오미의 가정이 실패한 첫 번째 원인은 그 가정이 세속주의와 물질 중심이라는 인생 기준을 갖고 있었기 때문입니다. 성경은 당시 나오미 가정이 유다 베들레헴에 기근이 심해 고향을 떠났다고 말하지만, 사실 목숨을 부지하기조차 어려울 정도로 빈궁하거나 궁핍한 상태는 아니었습니다. 룻기 1장 21절에 그 증거가 기록되어 있습니다. 나오미는 "내가 풍족하게 나갔더니"라고 말했습니다. 즉 엘리멜렉의 이름 뜻은 '하나님은 나의 왕이시다'이지만, 그는 사실 더 풍족하고, 안락하고, 복된 삶을 살기 위해 세상적인 가치 기준을 따랐던 것입니다.

간혹 교회에서 직분을 가지고 신앙생활을 하는 성도들 중에 자신이 거룩하게 산다고 착각하는 분들이 있습니다. 그러나 실제 삶을 들여다보면 세속적이고 물질 중심적인 생각으로 가득 차 있는 경우가 많습니다. 그들에게는 돈이 가장 중요합니다. 돈을 따라 모든 일을 결정하고, 돈에 의해서 거주지를 이전하고, 자기 이익이나 행동에 대한 선택 역시 돈을 기준으로 합니다.

엘리멜렉 가정이 물질 중심적인 삶을 살았다는 사실은 성경의 다른 부분에서도 드러납니다. 심한 기근으로 이스라엘 백성이 집단적으로 이주한 것이 아니라 엘리멜렉의 가정만 베들레헴에서 모압 땅으로 옮겼기 때문입니다. 그들은 남다르게 살았던 것입니다. 베들레헴은 하나님의 약속과 사명이 머물러 있는 장소입니다. 그들은 눈앞에 전개되는 상황 앞에서 자기의 가치 기준을 따라 축복의 땅을 뒤로하고 삶의 자리를 옮겨 버렸던 것입니다. 이는 팥죽 한 그릇에 장자의 명분을 팔아 버린 에서와 비슷합니다. 그 일로 에서는 삶의 축복을 놓쳐 버리고 말았습니다. 당장 심각하게 배고플 때 팥죽 한 그릇이 장자권보다 훨씬 더 커 보여 결정한 일이 그의 발목을 잡은 것입니다.

오늘날 세상은 훨씬 더 물질 중심으로 변화하고 있습니다. 심지어 교회의 정책조차 돈이 있으면 실행하고, 돈이 없으면 중단하거나 시작조차 하지 않습니다. 하지만 우리는 물질의 유무를 따지기 전에 하나님의 뜻을 구해야 합니다. 하나님의 뜻을 알고 이루고자 혼신의 힘을 다하다 보면 하나님이 필요한 모든 것을 우리에게 허락해 주십니다. 물질이 필요하면 물질을 주시고, 건강이 필요하면 건강을 주십니다. 바로 이것이 우리가 지녀야 할 신앙의 자세입니다.

하나님의 뜻보다 세상의 가치 기준과 생각을 따라가면 어떻게 됩니까? 나오미의 가정처럼 삶의 자리를 옮기게 됩니다. 기도의 자리를 떠나고, 예배의 자리와 멀어지고, 섬김과 봉사의 자리를 등한시하게 되는 것입니다. 교회생활을 하면서도 돈을 매우 중요하게 생각하게 됩니다. 그러나 섬김, 하나님이 주신 은혜의 나눔, 하나님의 풍성함을 따라 살 때 우리는 삶 속에서 하나님의 인도하심을 분명히 경험할 수 있습니다.

두 번째로 나오미의 가정이 실패한 이유는 신앙의 교제권이 없었기 때문입니다. 주변에 신앙적으로나 영적으로 권면해 주는 친구가 없는 것은 중요한 실패 원인 중에 하나가 됩니다. 사람은 혼자 살 수 없습니다. 자신이 어디서부터 잘못되었는지를 스스로는 결코 알지 못합니다. 그래서 세상적인 기준에서 이야기해 주는 것이 아니라, 하나님 앞에서 우리의 존재가 얼마나 복되고 소중한지, 하나님의 뜻대로 사는 것이 얼마나 아름다운지 서로 이야기를 나눌 수 있는 신앙적인 교제권이 반드시 필요합니다.

우리는 친구들끼리 모여서 영양가 없는 잡담을 나누기보다 영적인 교제권 안에서 하나님의 말씀과 자기 삶을 나누어야 합니다. 하나님이 내 삶 속에서 어떻게 역사하시고 함께하시는가를 계속해서 이야기할 수 있어야 합니다. 이러한 신앙적인 교제권이 없는 사람은 자기가 보기에 좋은 대로, 사람이 보기에 좋은 대로 결정하고 선택합니다.

혹시 주위에 영적인 친구들이 있습니까? "지금은 불평하고 원망할 때가 아니야. 이 일을 통해 하나님이 하실 일이 있어"라는 식으로 위로와 격려를 주고받을 만한 사람들이 있습니까? 저는 어머니의 영향을 많이 받았습니다. 어머니는 제가 힘들고 어려워서 그만두고 싶을 때마다 "김 목사, 아니야, 하나님의 뜻이 있을 거야"라고 말씀해 주셨는데, 그 말씀이 큰 위로가 되었습니다. 만약 신앙적인 교제권 안에서 누군가가 엘리멜렉에게 "이곳은 우리가 애굽에서 노예로 살 때 하나님이 모세와 여호수아를 통해 우리에게 선물로 주신 땅이야. 비록 척박하고 어렵더라도 이곳에서 하나님의 축복을 기다리자"라고 격려했다면 좋았을 텐데, 그 가정에게는 영적 교제권이 없었던 것입니다. 당시 보아스라는 신앙적인 인물이 주변에 있었음에도 말입니다. 안타깝게도 사람들은 유유상종하는 경향이 있습니다.

바람직한 교제권에는 기다림이 있습니다. 신앙생활을 하다 보면 알 수 있는데, 하나님의 약속과 성취 사이에는 길거나 짧은 기다림이 존재합니다. 기다림은 신앙생활에 있어서 매우 중요한 요소입니다. 우리는 이처럼 기다리는 시간을 잘 보내는 것이 굉장히 중요합니다. '하나님은 분명히 우리에게 하신 약속을 이루실 거야'라는 믿음을 가지고 기다릴 때 하나님이 기다림 자체를 축복으로 만드시고, 우리의 삶과 인격을 온전하게 바꿔 나가십니다.

따라서 신앙의 친구들이 매우 중요합니다. 건강한 신앙의 친구들은 기다리는 시간을 지혜롭게 보내도록 도와주기 때문입니다. 혹시 부정적인 말만 늘어놓는 사람이 주변에 있습니까? 그렇다면 과감하게 끊어 버리십시오. 하나님의 뜻이 아니라 자기 생각과 뜻만 주장하는 사람은 멀리해도 괜찮습니다. 그리고 만약 신앙의 친구들이 없다면 말씀을 가까이하십시오. 그러면 우리의 가정이 복되고, 우리가 섬기는 교회를 거룩한 교제권으로 만들어 가게 될 것입니다.

세 번째로 나오미의 가정은 영적인 안목이 없었습니다. 물질적으로 살아갔기에 영적인 안목이 있을 수 없었습니다. 우리의 인생에 찾아온 흉년은 하나님이 보내시는 몇 가지 사인입니다. 가장 먼저, 하나님의 징계일 수 있습니다. 하나님이 보내신 징계의 목적은 우리를 멸망시키고 깨뜨리기 위해서가 아닙니다. 우리를 정신 차리게 만들어서 원래대로 돌아오게 하려는 하나님의 방법입니다. 그런데 우리는 무조건 징계를 피하려고 합니다. 어려운 일이면 무엇이든 피하고 도망가는 사람에게는 영적인 안목이 없습니다. 환난이 닥치면 상황이나 문제를 향한 하나님의 뜻이 무엇인지 곰곰이 생각해 봐야 합니다.

인생의 흉년을 만나고 있습니까? 하나님의 징계일 수 있습니다. 하나님이 "그곳으로 가면 안 돼. 돌아와!" 하고 말씀하시는 것입니다. 신앙생활을 하면서 알게 된 사실 하나가 있습니다. 하나님은 길을 넓게 만드시는데, 우리는 그 안에서 마음대로 돌아다녀도 괜찮습니다. 그런데 하나님이 어느 순간 길을 좁게 만들어 버리십니다. 여기 가면 여기 부딪히고, 저기 가면 저기 부딪히게 만들어서 한 길로 몰아가십니다.

이처럼 인생의 흉년은 하나님이 우리를 일깨우는 징계일 수 있습니다. 문제 가운데서도 여전히 하나님을 섬기고 사랑하는지 하나님이 우리를 테스트하시는 시간일 수 있는 것입니다. 하나님은 "네가 경제적으로 어려워도, 네 마음이 속상해도 네 자리를 지킬 수 있겠니? 나를 있는 그대로 믿고, 내 약속과 언약을 믿고 믿음으로 나아갈 수 있겠니?"라고 말씀하시며 우리를 보고 계십니다. 그리고 이해되지 않는 어려운 상황 가운데 하나님의 뜻이 어디 있는지 묵묵히 바라보며 걸어가는 이들은 영적으로 성장을 맛보게 됩니다. 그들은 지치고, 힘들고, 오늘도 주저앉을 수밖에 없는데도 불구하고 믿음으로 하나님께 매달리며 하나님의 뜻을 구합니다. 테스트 과정을 힘겹게 이겨 내며 믿음으로 성장해 가는 것입니다. 테스트를 이기지 못해 영적으로 성장하지 못하는 사람들이 우리 주변에는 매우 많습니다.

또한 인생의 흉년은 하나님이 하시려는 말씀이기도 합니다. 저는 이명이 발병하고 나서 조용한 세상에서 사는 것이 얼마나 복된지를 깨달았습니다. 24시간 "삐" 소리가 계속 울리면 정말 힘듭니다. 처음에는 마음에 낙담과 좌절이 가득 찼습니다. '이 소리를 듣고 평생 어떻게 살까? 하루에 약을 거의 30알씩 먹으면서도 잠을 못 자겠고, 내 인생이 여기서 끝나는 것은 아닌가?' 그런데 가정 예배를 드리면서 "하나님, 제게 말씀하기 원하시는 것이 있습니까?"라고 질문하며 영적으로 생각하게 되었습니다. 그때 교인들이 저를 위해 기도한다는 소리가 들리기 시작했습니다. 오랫동안 "목사님을 위해서 기도합니다"라는 말을 들어 왔는데 그제야 정말 기도의 힘이 느껴지기 시작했던 것입니다. 비로소 같이 기도하는 것 같았습니다. 삶에 불편함이 찾아올 때 하나님이 내게 무엇을 말씀하기 원하실까를 생각하는 것은 매우 중요합니다.

나오미의 가정이 실패한 이유는 영적인 안목이 없었기 때문입니다. 그들은 모압이 어떤 땅인지 알아야 했습니다. 모압 족속은 롯이 딸과 관계해 낳은 후손으로, 태생부터 문제가 있었습니다. 그뿐 아니라 그들은 출애굽한 이스라엘 백성이 에돔을 거쳐 가나안으로 올라가려고 할 때 결사적으로 길을 막았습니다. 그러므로 우리는 무엇이든지 영적인 눈으로 제대로 살필 필요가 있습니다. 영적인 안목이 없으면 내가 필요한 곳으로 쉽게 옮겨 갈 수밖에 없습니다. 우리는 지금 하고 있는 일, 지금 선택하는 것이 무엇인지 분명히 알아야 합니다.

사실 우리의 인생에는 고난이 필요합니다. 고난이 없으면 신앙의 깊이가 얕아 놀라운 하나님의 은혜를 깨닫지 못합니다. 고난이 없으면 편안하게 예수 잘 믿고 신앙생활을 할 수 있다고 말하는 사람이 있습니다. 그런데 사실 고난이 없으면 그렇게 할 수가 없습니다. 고난이 우리를 성숙하게 만들기 때문입니다. 고난은 내가 해야 할 일이 무엇인지에 초점을 맞추게 합니다. 하나님은 고난과 실패를 통해 우리가 알지 못하는 세계를 열어 가십니다.

만약 고난이 없는 사람이 있다면 그는 하나님을 알기 위해서 기도하면서 다른 사람보다 더 많이 몸부림쳐야 합니다. 고난이 있으면 고난이 외부에서 나를 깨뜨리는데 고난이 없으면 나를 부술 수가 없기 때문입니다.

하나님께로 돌이키라

이제 나오미의 가정이 회복해서 성공하게 된 비결을 살펴보겠습니다. 첫 번째는 돌이킨 것입니다. 나오미는 영적으로 둔해져 베들레헴으로 돌아갈 생각을 하지 않고 살다가 다 잃고는 마지막에야 하나님께로 돌아갈 결심을 했습니다. 그리고 그가 하나님의 약속의 장소로 돌아갈 때 회복의 역사가 시작되었습니다. 그때 나오미에게 "여호와께서 자기 백성을 돌보시사 그들에게 양식을 주셨다"(룻 1:6)라는 하나님의 음성이 들렸습니다. 세상의 소리가 아니라 하나님의 말씀이 마음에 다가오기 시작한 것입니다. 전에는 흉년의 소식만 들리더니, 주가 돌보셨다는 주의 음성이 들리기 시작한 것입니다.

탕자는 아버지의 집으로 돌아갔을 때 회복되었습니다. 돌아가지 않으면 회복되지 않습니다. 실패했다면 내 삶을 돌이켜서 하나님이 원하시고 복 주시는 자리로 돌아가야 합니다. 내 상황이나 처지가 문제가 아닙니다. 하나님의 집으로 돌아간다는 것은 겸손의 자리, 섬기는 자리, 사랑의 자리로 가는 것을 의미합니다. 분명히 기억하십시오. 실패에서 회복되는 것은 돌아갈 때 시작됩니다. 그때 하나님의 말씀이 들리고, 하나님의 절대 주권을 인정하게 됩니다.

본문인 룻기 1장 21절을 보면 나오미의 표현 방법이 달라졌습니다. "내가 풍족하게 나갔더니 여호와께서 내게 비어 돌아오게 하셨느니라 여호와께서 나를 징벌하셨고 전능자가 나를 괴롭게 하셨거늘 너희가 어찌 나를 나오미라 부르느냐 하니라." 주어가 '여호와'입니다. 나오미는 자기가 겪은 고난과 시련과 아픔까지도 하나님이 하셨다는 사실을 인정한 것입니다. 하나님이 우리로 하여금 고난당하게 하시는 것은 여호와의 본심이 아니며, 모든 일은 하나님이 하신 것이라고, 하나님이 고난을 통해 자신에게 하고 싶은 말씀이 있으신 것이라고 고백한 것입니다. 이러한 깨달음이 있는 사람에게 고난은 절대 잘못이 아닙니다.

그런데 사람은 평소 하던 대로 살게 되어 있습니다. 그래서 돌이킨다는 것이 굉장히 어렵습니다. 일시적으로 돌아설 수는 있지만, 본래대로 돌아가려고 하는 회귀 본능이 있기 때문입니다. 그러나 하나님은 나오미를 돌아서게 하셨습니다.

회복의 두 번째 요인은 나오미가 믿음의 공동체로 돌아왔다는 것입니다. 혼자 신앙생활을 하는 것은 매우 위험합니다. 나 혼자서 잘하고 있다는 생각은 좋지 않습니다. 그리스도인들에게는 공동체가 필요합니다. 어려울 때 서로 돌아보고, 위로와 격려를 전하면 신앙생활에 큰 힘이 됩니다. 나오미는 믿음의 공동체로 돌아와 보아스를 만났습니다. 이후 며느리 룻이 보아스와 결혼해 하나님의 약속을 이루게 됩니다. 혼자 잠깐 교회에 왔다가 예배만 드리고 가지 말고, 공동체에 소속되어 마음을 나누는 것은 매우 중요합니다. 우리는 다 연약한 존재이기 때문입니다. 신앙의 공동체에서 서로 붙들고, 위로해 주고, 격려해 주고, 일으켜 세워 주는 것이 바로 회복의 시작입니다.

세 번째 나오미의 가정이 회복된 비결은 가정에서 찾을 수 있습니다. 나오미는 며느리에게 신앙의 모습을 보여 주었습니다. 고난과 어려움이 찾아올 때 부모들은 자녀들에게 신앙의 모습을 보여 주어야 합니다. 자녀들 앞에서 교회나 교회 지도자, 신앙생활에 대해 비판하는 일을 해서는 안 됩니다. 자녀들에게 매우 큰 영적인 걸림돌이 되기 때문입니다. 교회나 신앙에 대해 부정적인 아이들을 상담해 보면 그 근원에 부모의 부정적인 영향이 흐르고 있다는 것을 알게 됩니다. 따라서 부모는 자녀 앞에서 말과 행동을 좀 더 조심해야 합니다.

나오미는 철저하게 하나님의 말씀 가운데 룻에게 이야기했고, 룻은 시어머니의 말씀에 순종했습니다. 그러면서 그들은 하나님의 축복의 대열에 설 수 있었습니다. 나오미는 다른 문화와 생각과 마음을 갖고 있는 이방 여인 룻에게 끊임없이 믿음을 보여 줌으로 하나님의 계보에 들어가는 여인으로 세웠던 것입니다. 이 놀라운 은혜가 어디서부터 왔을까요? 바로 나오미로부터입니다. 우리의 가정에 하나님의 말씀을 따르며 회복된 나오미의 축복이 임하기를 바랍니다.

세상에서는 강함이 능력이지만
하나님께는 약함이 능력임을 고백합니다.
약함의 자리에서 우리를 회복하시는 주님과
한 걸음씩 내딛게 하옵소서.

04

은혜가
가물거리면
하나님을
잊은 것이다

_교만의 영적 신호

단 4:28-37

자기 의와
교만

우리가 살면서 실패하고 넘어지는 이유는 다니엘서에 나오는 느부갓네살의 모습에서도 발견할 수 있습니다. '나는 그 누구보다 우월하고 괜찮은 사람이야'라고 생각하면 지금 내가 가진 모든 것이 내가 노력하고 최선을 다해서 이룬 것이라고 여기기가 쉽습니다. 그래서 사람들은 기념비 같은 것을 세우기도 합니다. 우리가 하나님의 은혜로 하루하루 살아가는 존재라는 사실을 잊어버리는 것입니다.

느부갓네살은 바벨론 제국을 창건하고 40년 이상 다스린 왕입니다. 역사 속의 실존 인물이었던 그는 전쟁을 치르는 군인일 뿐 아니라 예술가이자 다방면에서 탁월한 사람이었습니다. 그래서 사람들에게 신처럼 추앙 받으며 살았습니다. 그러던 어느 날 하나님이 그에게 깨닫는 은혜를 주셨습니다. '아, 내 것이 내 것이 아니고, 내가 해 온 일도 내 힘으로 이룬 것이 결코 아니구나. 하늘로부터 하나님이 주시지 않으면 나는 아무것도 할 수 없는 존재구나!' 이 사실을 깨닫자 그의 삶의 방향이 달라졌습니다.

은혜를 모르면 내가 인생을 보는 기준, 내가 사람을 판단하는 기준 등 무엇이 옳고 그른지를 분별하는 자기 의가 생깁니다. 인간의 의는 분노와 정죄이지만 하나님의 의는 은혜입니다. 그런데 우리는 하나님이 우리를 긍휼히 여기신다는 사실을 깨닫기까지 많은 시련과 아픔을 거칩니다. 그리고 그 가운데 감사하는 일을 많이 놓치곤 합니다.

느부갓네살이 실패한
두 가지 이유

그렇다면 느부갓네살이 자신이 가진 모든 것을 한순간에 잃고 실패한 이유는 무엇일까요?

첫째, 느부갓네살은 교만했습니다. 교만은 그의 삶을 무너뜨렸습니다. 그때 하나님은 교훈을 주셨습니다. "네가 할 수 있었던 것이 아니다. 모든 것이 하나님의 섭리와 역사 가운데 있다." 이 사실을 모를 때 느부갓네살은 자기의 업적을 늘어놓으며 교만이 넘쳤습니다.

교만은 아주 깊은 역사와 전통을 자랑하는 죄입니다. 우리 속에 교만은 언제든지 나타날 수 있습니다. 무서운 것은 나도 모르게 내 속에 교만이 자리를 잡는다는 것입니다. 또한 교만은 우리의 영혼을 조금씩 갉아먹어서 한순간에 모든 것을 무너뜨립니다. '나는 내 인생의 주인이 되어서 모든 결정과 판단을 내릴 수 있다'는 생각이 드는 것이 교만의 시작입니다. 그런데 만약 '나는 새벽에 교회에 나오기로 결정했어' 하고 다짐한다고 생각해 보십시오. 하나님이 일상의 은혜를 우리에게서 거두어 가시면 어떻게 될까요? 그때 우리가 평범했던 것 자체가 하나님의 은혜였음을 깨닫게 되는 것입니다.

느부갓네살은 실패를 모르는 사람이었습니다. 살면서 계속해서 성공해 왔습니다. '성공 정체감'이 그에게는 가득했습니다. 그런 사람은 교만하기 쉽습니다. 성공가도를 걸어온 사람은 남의 지적을 받을 때 못 견뎌 합니다. 못 견디다 보니 각종 정신적인 질병에 시달립니다. 우리도 무엇인가 성취하고 승리하기 시작할 때 조심해야 합니다. 나도 모르는 사이에 교만이 나를 갉아먹을 수 있기 때문입니다. 하는 일이 잘되어 온 사람은 일이 실패하고 안되면 그것을 이상하게 생각합니다. 그러나 우리는 된 것 자체를 이상하게 생각해야 합니다. '나 같은 사람이 어떻게 이 일을 할 수 있었을까?' 하면서 말입니다. 사실 가정의 평안과 행복, 일의 성취는 모두 내가 이룬 것이 아닙니다. 하나님이 하셨습니다.

저는 스스로 '내가 어떻게 목사가 되었을까?' 하고 생각할 때가 많습니다. 목사가 안 되었다면 아마 주일에 교회에도 안 나왔을 것입니다. 분명한 사실입니다. 하나님이 제 삶을 붙드셔서 여기까지 오게 하신 것입니다. 마찬가지로 우리는 모두 "하나님, 저는 원래 이 자리에 있을 만한 사람이 아닌데 하나님이 제 삶을 붙드셔서 여기까지 오게 하셨습니다"라고 고백해야 합니다. 이 은혜가 내 안에 있을 때 감사가 넘칩니다.

불평과 원망이 있을 때는 하나님의 은혜를 알지 못합니다. 나에게 주어진 작은 것 하나도 하나님의 빈틈없는 은혜로 이루어지는 것임을 우리는 알아야 합니다. 그러므로 우리는 성공할수록 다윗처럼 계속해서 하나님을 찬양해야 합니다. 영광을 내가 받는 것이 아니라 하나님께 올려 드려야 하는 것입니다. 잘되고 있을 때 하나님을 찬양하십시오. 억지로라도 찬양하십시오. 그래야 교만이 내 속에 자리 잡는 것을 막을 수 있습니다. 이것은 영적으로 매우 중요한 원리입니다.

그리고 찬양과 더불어 주님께 감사하십시오. 교만하면 자기를 높이게 됩니다. 해야 할 일과 하지 말아야 할 일이 있는데 자신이 다 할 수 있다고 생각해서는 안 됩니다. 그렇다 보면 자신을 정확하게 보는 일이 어려워집니다. 성경은 어렵고 힘들 때 감사하라고 말합니다. 하지만 사실 환난 중에 감사하기란 너무 어렵습니다. 그때는 하나님 앞에 계속 엎드리면 됩니다. 이처럼 어려울 때는 우리가 교만할 수가 없기 때문에 오히려 영적인 면에서는 굉장히 유익할 수 있습니다. 힘든 시절도 지나고 보면 '아, 하나님의 은혜였구나. 그때 내가 하나님과 가장 가까이 있었구나' 하고 깨닫게 됩니다.

둘째, 느부갓네살은 하나님이 깨달음과 경고를 주셨는데도 받아들이지 않았습니다. 그는 하나님의 경고를 무시했습니다. 시험은 하나님의 테스트나 교훈일 수 있고, 어려움은 우리에게 하나님의 징계나 깨달음의 도구가 될 수 있습니다. 그러므로 삶 속에 어려움이 닥칠 때는 그것 자체에 의미를 부여해서 자기 잘못이라며 비하하고 스스로를 정죄하는 것이 아니라 자신을 돌아봐야 합니다. 내 삶 속에 무엇이 잘못되었는지, 하나님이 오늘 나에게 경고하시고 깨닫게 하시는 것이 무엇인지, 하나님의 은혜를 찾는 지혜가 필요합니다.

　하인리히 법칙이라는 것이 있습니다. 대형사고가 발생하기 전에 그와 관련된 수많은 경미한 사고와 징후들이 반드시 존재한다는 것을 밝힌 법칙입니다. 우리의 삶 속에 때로 시련과 어려움, 잘 안되는 일들이 있을 때 우리는 빨리 우리 자신을 돌아보아야 합니다. 하나님이 오늘 나에게 경고하시고, 깨닫게 하시고, 보게 하시는 것이 무엇인지, 하나님의 은혜가 무엇인지를 빨리 찾는 지혜가 있어야 합니다.

　본문의 앞 절에서 다니엘은 느부갓네살에게 이렇게 말했습니다. "그런즉 왕이여 내가 아뢰는 것을 받으시고 공의를 행함으로 죄를 사하고 가난한 자를 긍휼히 여김으로 죄악을 사하소서 그리하시면 왕의 평안함이 혹시 장구하리이다 하니라"(단 4:27). 다시 말해, 다니엘은 "왕이시여, 당신이 생각하는 것이 공의가 아닙니다. '내 생각이 맞으니까 나는 이렇게 살 것이다'라는 마음을 내려놓고 하나님이 주시는 의가 무엇인지 찾으십시오"라고 말한 것입니다.

　사실 느부갓네살은 "내가 곧 법이다"라고 말할 수 있는 사람이었습니다. 그런데 그런 그에게 다니엘이 하나님의 법에 인생의 초점을 다시 맞추고, 높은 자리, 많이 가진 자리에 있는 자로서 가난한 사람을 돌아보고 구제하라고 말한 것입니다.

특히 구제는 하나님이 참 좋아하십니다. 힘든 중에도 가난하고 어려운 이웃을 돌아보는 것을 하나님이 기뻐하시는 것입니다. 시련과 어려움이 있을 때 구제하십시오. 하나님이 굉장히 귀하게 여기실 것입니다.

성경을 보면 구제와 구원은 늘 동일하게 나타나 있습니다. 그리고 하나님은 이스라엘 백성에게 그들이 나그네와 고아였던 것, 방랑자였던 것을 잊지 말라고, 삶에 가장 힘들고 어려운 순간이 있었다는 것을 기억하라고 하셨습니다. 안타깝게도, 우리는 상황이 닥쳐야 비로소 그 사실을 깨닫습니다. 그래서 느부갓네살도 하나님이 주신 경고를 깨닫지 못해 넘어졌던 것입니다. 그는 자기 능력으로 전쟁에서 실패한 적이 없고, 원하는 대로 다 했으며, 사람들의 칭송을 받으며 살았기에 삶 속에 감사가 없었습니다. 그래서 하나님이 약속하신 7년 동안 느부갓네살은 학자들에 의하면, 정신분열증에 시달렸습니다. 어느 날 사람들에게 쫓겨나고, 하늘의 이슬을 맞고, 머리는 독수리의 털처럼 되고, 손톱은 새의 발톱처럼 변하고, 짐승처럼 풀을 먹고사는 인생이 된 것입니다.

하늘을 우러러보며
감사하고 겸손하라

이후 느부갓네살의 정신은 하나님이 약속하신 대로 제대로 돌아왔습니다. 하나님이 그를 회복시켜 주셨는데, 본문 34절은 "느부갓네살이 하늘을 우러러보았더니"라고 말합니다. 원래 그는 자신이 하늘이라고 생각해 세상을 내려다보던 사람이었습니다. 그런 그가 하늘을 우러러보게 되었습니다. 회복에서 굉장히 중요한 원리인 하나님의 주권을 인정하기 시작한 것입니다. 천사들도, 땅에 있는 모든 것도 아무것도 없는 것처럼 하실 수 있는 하나님의 존재를 깨닫게 된 것입니다. 그는 하나님을 찬양하며 경배했습니다. 찬양과 경배를 한마디로 말하면 '감사'라고 할 수 있습니다.

감사는 어떤 사람이 할 수 있습니까? 첫째, 하나님의 살아 계심을 인정하는 사람이 감사할 수 있습니다. 하나님을 기쁘시게 한다는 것은 곧 하나님의 살아 계심을 믿는 것입니다. 자녀가 부모의 존재를 믿고 인정해 주는 것만큼 부모에게 기쁜 일은 없습니다. 어느 날 아이가 부모더러 "아저씨!", "아줌마!"라고 부른다면 굉장히 슬플 것입니다. 하나님의 주권을 인정하면 감사하게 됩니다. 감사는 아무나 할 수 있는 것이 아닙니다.

둘째, 하나님이 내 삶을 인도해 오셨다고 고백하는 사람이 감사할 수 있습니다. 내가 내 힘으로 살아왔다고 생각하면 감사할 이유가 없습니다. 하나님이 모든 것을 행하셨다고 생각하기에 감사할 수 있는 것입니다.

저는 주례를 할 때마다 결혼하는 부부에게 부모를 향한 편지를 쓰게 합니다. "아빠가 이만큼 노력했기 때문에 오늘 우리 가족이 여기 있을 수 있었어요. 엄마가 이만큼 희생했기 때문에 여기까지 올 수 있었어요"라는 자녀의 고백을 듣는 부모의 얼굴을 보면 눈시울에 이슬이 맺혀 있습니다. 그것은 슬픔의 눈물이 아니라 벅차오르는 감격의 눈물, 자녀를 위해 수고하고 애썼던 모든 일을 인정받았다는 기쁨의 표현입니다.

하나님도 하나님이 행하신 일을 우리를 통해 인정받고 싶어 하십니다. 하나님이 우리를 창조하신 이유는 우리를 통해 찬양받고 싶으셨기 때문입니다. 우리는 "하나님이 행하신 모든 일이 하나님의 은혜입니다. 여기까지 걸어온 것은 하나님의 은혜입니다. 하나님이 행하신 모든 일이 정말 귀합니다"라고 고백해야 합니다. 감사는 겸손한 사람만이 할 수 있습니다. 감사가 하나님께 미치는 영적인 영향력은 매우 큽니다. 감사는 우리가 이 땅을 살면서 하나님께 복을 받는 굉장히 중요한 요소입니다. 느부갓네살은 비록 하나님의 존재는 잘 몰랐지만 하나님을 찬양하며 경배했습니다. "나의 나 된 것은 하나님의 은혜다"라고 고백했던 것입니다. 그리고 그는 겸손해졌습니다.

반면에 웃시야는 16세 때 왕이 되었습니다. "웃시야가 그의 아버지 아마샤의 모든 행위대로 여호와 보시기에 정직하게 행하며 하나님의 묵시를 밝히 아는 스가랴가 사는 날에 하나님을 찾았고 그가 여호와를 찾을 동안에는 하나님이 형통하게 하셨더라"(대하 26:4-5). 여기서 '형통하게 하셨다'라는 말은 모든 일이 잘되게 하셨다는 뜻입니다.

그런데 뒷부분을 보면 이렇게 기록되어 있습니다. "그가 강성하여지매 그의 마음이 교만하여 악을 행하여 그의 하나님 여호와께 범죄하되 곧 여호와의 성전에 들어가서 향단에 분향하려 한지라"(대하 26:16). 웃시야는 자기가 하지 말아야 하는 일도 할 수 있다고 생각했습니다. 향단에 분향하는 일은 제사장의 고유 권한인데 왕인 자신이 할 수 있다고 여겼던 것입니다. 그러다가 얼굴에 한센병이 생겼습니다. 결국 그는 열조의 묘역에 묻히지 못하게 되었습니다.

겸손할 때 하나님이 쓰시고, 그 인생뿐 아니라 삶의 환경도 복을 받습니다. 역대하 7장 14절은 "내 이름으로 일컫는 내 백성이 그들의 악한 길에서 떠나 스스로 낮추고 기도하여 내 얼굴을 찾으면 내가 하늘에서 듣고 그들의 죄를 사하고 그들의 땅을 고칠지라"라고 말합니다.

또한 하나님은 겸손한 자의 기도에 응답하십니다. "그가 내게 이르되 다니엘아 두려워하지 말라 네가 깨달으려 하여 네 하나님 앞에 스스로 겸비하게 하기로 결심하던 첫날부터 네 말이 응답 받았으므로 내가 네 말로 말미암아 왔느니라"(단 10:12). 그리고 하나님은 그를 높여 주십니다. 잠언 22장 4절은 "겸손과 여호와를 경외함의 보상은 재물과 영광과 생명이니라"라고 말합니다.

느부갓네살은 겸손해졌고, 그때 비로소 회복되었습니다. 본문 36절은 "그때에 내 총명이 내게로 돌아왔고"라고 말합니다. 우리 마음은 상하면 괴롭고 삶 전체가 고통스럽습니다. 그런데 하나님이 상한 마음을 회복시켜 주신 것입니다. 뿐만 아니라 하나님은 그의 지위와 물질을 회복시켜 주셨고, 마침내 잃어버린 모든 것을 다시 그의 손에 쥐어 주셨습니다. 느부갓네살은 겸손함으로 그 모든 복을 누린 것입니다.

하나님께 진심으로 감사하면서 날마다 은혜로 살아가십시오. 삶 속에 이해되지 않는 문제가 생길지라도 감사하는 행위와 입술의 선포를 결코 잊지 말기를 바랍니다. 언제나 하나님을 찬양하고, 주어진 일상이 하나님의 은혜임을 깨달으며, 하나님이 주신 기쁨이 넘치는 인생을 살아가기를 간절히 바랍니다.

05

사람만
보다가
하나님을
잃는다

_ 초점 맞추기

행 5:1-11

거짓말,
너무 쉬운 죄악

우리는 거짓말을 하지 않고는 살아갈 수 없는 연약한 존재입니다. 우리는 하얀 거짓말부터 검은 거짓말까지 다양한 거짓말을 할 수밖에 없는 상황에 처할 때가 참 많습니다. 그런데 만약 어떤 거짓말이 죽음으로 이어지는 큰 죄라면 거짓말에 대해 진지하게 생각해 볼 필요가 있습니다. 초대교회의 아나니아와 삽비라를 보십시오. 교회 공동체에서, 전부도 아닌 반 정도만 거짓말을 했는데도 부부가 3시간 간격으로 죽어 나갔으니 굉장히 큰 죄입니다. 하나님이 성령으로 그들을 치셨다면 분명히 여기에는 하나님의 숨겨진 계획과 교훈이 있을 것입니다.

우리는 간음이나 살인 등의 죄에 비해 거짓말에 대해서는 비교적 관대한 마음을 갖고 쉽게 생각하는 경향이 있습니다. 그래서 인간관계에서뿐만 아니라 하나님과의 관계 속에서도 거짓말을 하는 경우가 참 많습니다. 그렇다면 이러한 거짓말에 대해 하나님이 아나니아와 삽비라를 통해 우리에게 주시는 교훈은 무엇일까요? 우리는 말씀을 듣는 데서 끝내서는 안 되고 끊임없이 삶에 적용해야 합니다. 비록 작은 것이라 할지라도 실천해야 인격적으로 변하지, 가만히 있으면 교회에 나와서 예배드린다는 점만 다를 뿐 믿지 않는 사람과 똑같습니다. 예수님을 점점 닮아 인격의 변화가 일어나기 위해서는 말씀을 듣고 아는 데 그치는 것이 아니라 실행해야 합니다.

하나님이 아나니아와 삽비라를 치신 3가지 이유

11절에 의하면, 거짓말로 목숨을 잃은 아나니아와 삽비라의 사건에 대해 온 교회와 이 일을 듣는 사람들이 다 크게 두려워했습니다. 그들은 왜 크게 두려워했을까요? 누구든 거짓말을 안 하고는 살아갈 수 없고, 지금까지 쉽게 거짓말을 해 왔기 때문에 '혹시 그 죽음이 나에게도 임하지 않을까?' 하며 두려움을 느꼈던 것입니다. 사실 현실적으로 생각할 때 아나니아와 삽비라 가정이 돈을 온전히 냈든 절반만 냈든 교회 공동체의 입장에서는 유익이었습니다. 그 돈으로 가난한 사람을 돌아볼 수 있고 교회가 풍요로워지기 때문입니다. 그럼에도 하나님이 그들을 치신 이유는 무엇일까요? 여기에 중요한 깨달음이 있습니다.

첫째, 탐욕과 탐심은 매우 무서운 죄악입니다. 인간에게는 하나님이 주신 본능이 있습니다. 사탄은 우리의 삶 속에 찾아와서 우리가 하나님의 사람으로 살지 못하게 방해하려고 우리 안에 있는 죄의 속성인 탐욕과 탐심을 자극합니다. 사탄이 죄를 짓는 것이 아니라 우리가 죄를 짓는 것입니다. 즉 우리의 탐욕과 탐심이 죄를 짓게 만드는 것입니다.

아나니아와 삽비라에게는 두 가지 탐욕이 있었습니다. 돈과 명예입니다. 그들은 돈을 좋아했고, 그 소중한 돈을 바침으로써 자신들도 앞서 바나바가 받았던(행 4:36-37) 존경과 사랑, 인정을 받기를 바랐습니다. 결국 그러한 바람이 탐욕으로 이어져 하나님을 속이게 되었던 것입니다.

우리는 인간의 욕망과 탐심이 어디까지 잘못될 수 있는지를 성경 곳곳에서 볼 수 있습니다. 현실에서도 마찬가지입니다. 인간은 자신의 욕망과 탐심을 위해서라면 하나님까지도 속이고 기만할 수 있는 존재입니다. 쉽게 말해, 탐욕은 우리의 평범한 일상생활을 넘어서 하나님을 속이고, 하나님의 뜻을 짓밟고, 하나님의 말씀까지도 무시하는 무서운 죄인 것입니다.

다윗의 탐욕이 그를 어떻게 만들었습니까? 다윗은 밧세바를 범함으로 충성스런 군사 우리아를 죽게 했습니다. 성경을 보면, 다윗에게 밧세바가 "심히 아름다워 보이는지라"(삼하 11:2)라고 기록되어 있습니다. 왕궁에서 멀리 떨어진 신하들이 사는 집까지, 그것도 어두운 저녁이었는데 제대로 보였겠습니까? 다윗의 마음속 탐심이 그렇게 보게 한 것입니다.

하나님은 이스라엘이 가나안 땅에서 처음으로 점령한 여리고성을 온전히 받기를 원하셨습니다. 그래서 성안에 있는 모든 것을 진멸하라고 명령하셨습니다. 그런데 아간은 아름다운 외투 한 벌과 은 200세겔과 그 무게가 50세겔 되는 금덩이 하나를 보고 탐내어 가져다가 자기 집 장막 가운데 땅속에 감추어 두었습니다. 그 일로 온 공동체가 뒤집어졌습니다. 모두가 어려운 시간을 겪었고, 결국 하나님의 백성 공동체가 무너지고 깨지는 결과로 이어졌습니다.

그런데 생각해 보면, 당시 아간이 훔친 외투는 우리의 현실적인 필요가 아닙니까? 떠돌이로 지내던 이스라엘 백성에게 성안에 살던 이들이 쓰던 물건이 얼마나 귀해 보였겠습니까? 탐욕이 아니라 생필품이었습니다. 그런데 내 필요가 이처럼 무서운 것입니다. 또한 금과 은을 보고는 그냥 두고 올 사람이 어디 있겠습니까? 금과 은을 소유하고자 하는 것은 인간의 소유욕이자 본능입니다. 그러나 나의 필요와 본능적인 욕구를 따라갈 때 우리는 하나님의 명령을 거역하게 되고 우리가 걸어가야 할 복된 길을 가로막는 결과를 가져오게 된다는 사실을 잊어서는 안 됩니다.

베드로는 아나니아에게 "어찌하여 사탄이 네 마음에 가득하여 네가 성령을 속이고 땅값 얼마를 감추었느냐"(행 5:3)라고 말하며 책망했습니다. 아나니아가 땅값을 감춘 일은 곧 하나님의 성령을 속이는 일이며, 그 일을 가능하게 한 것이 사탄이라고 보았던 것입니다. 하나님의 명령을 어기고, 하나님을 대적하며 속이고, 하나님 앞에서 바로 살지 못하게 하는 것이 바로 탐심이라는 뜻입니다. 탐심에서 기인한 거짓말이 결국 자기 욕심을 채우기 위해 하나님의 명령을 어기면서까지 죄를 범하는 인생으로 이어질 수 있는 것입니다.

거짓말로 성령을 속였다는 베드로의 말에는 하나님의 속성이 담겨 있습니다. 하나님은 거짓말을 싫어하십니다. 시편 5편 6절은 "거짓말하는 자들을 멸망시키시리이다 여호와께서는 피 흘리기를 즐기는 자와 속이는 자를 싫어하시나이다"라고 말합니다. 시편 기자는 하나님을 느끼고, 체험하고, 실패하면서 '하나님이 정말 싫어하시는 것이 있구나. 하나님은 피 흘리기를 좋아하고 거짓말하는 자를 매우 싫어하시는구나' 하고 깨닫고 이처럼 고백했던 것입니다.

한편 사탄의 전공은 거짓말입니다. 요한복음 8장 44절은 "그가 거짓말쟁이요 거짓의 아비가 되었음이라"라고 말함으로 사탄의 속성을 말해 줍니다. 사탄이 사용하는 거짓말을 '인지왜곡'이라고 합니다. 사탄은 인생을 보는 관점을 바꾸어 버립니다. 세상이나 인간관계를 진리 가운데서 보지 않고 삐딱하게 바라보게 만듭니다. 왜곡된 시선으로 보면 모두 비뚤어져 보이게 되어 있습니다.

거짓말은 우리의 마음도 속이지만 우리의 생각과 지식을 왜곡시켜서 기준을 바꿔 놓습니다. 그러면 우리는 왜곡된 기준대로 보고, 생각하고, 판단하게 됩니다. 이를 한마디로 선입견 또는 편견이라고 합니다. 사실 자기가 편견이나 선입견이 있다고 생각하는 사람은 거의 없습니다. 말씀의 빛 아래 자신을 비춰 볼 때에야 비로소 깨닫고 고칠 수 있습니다. 잘못된 편견과 선입견은 분명히 사탄의 전략입니다.

또한 사탄은 이간질합니다. 거짓말로 이간질해 기준을 바꾸기도 하고, 인지를 왜곡시키기도 합니다. 그러한 인간의 더러운 습관들이 나타나면서 분쟁 속에 빠져드는 경우가 얼마나 많은지 모릅니다. 이처럼 사탄은 하나님과 사람 앞에 거짓말하게 만들고 이간질해 하나님의 뜻대로 살지 못하게 방해합니다. 거짓말과 사탄의 방법이 들어오기 시작하면 교회는 무너집니다. 그래서 하나님은 초대교회를 지켜 주시고자 하나님의 방법인 거룩함을 보이신 것입니다.

하나님이 아나니아와 삽비라의 죄를 무섭게 다루신 두 번째 이유는 하나님보다 사람을 더 의식하는 가치관 때문이었습니다. 인간은 사회적 존재이기 때문에 사람의 시선과 생각을 의식하지 않고는 살아갈 수 없습니다. 다른 사람이 나를 어떻게 보는지에 관심을 갖고 사는 것은 매우 중요합니다. 그러한 태도가 우리 마음의 작은 울타리가 되어서 우리가 잘못된 길로 가지 않도록 우리의 삶을 지켜 나가는 데 도움이 되기도 합니다. 하지만 우리가 진짜 초점을 맞춰야 할 대상은 사람이 아니라 하나님이십니다. 내 마음의 의도와 동기까지 보시는 하나님께 초점을 맞추면 우리는 실수할 수가 없습니다.

저는 신학과 심리학을 공부했기에 사람들과 대화하면서 표정, 반응, 행동을 종합하면 상대가 어떤 사람인지를 대충 알 수 있습니다. 그런데 가끔 그런 제 모습을 보며 두려움을 느낍니다. 한낱 지식으로 배운 제가 이 정도인데 하나님은 얼마나 저 자신을 꿰뚫어 보시겠습니까? 참으로 하나님은 내가 의식하지 못하는 내면의 깊은 동기까지 세밀하게 아는 분이십니다. 그 하나님께 인생의 초점을 맞춘다면, 하나님이 기뻐하시는 삶으로 바꿔 나간다면 우리는 사람의 시선을 의식할 필요가 없습니다. 오히려 사람과의 관계 속에서 하나님의 거룩함을 나타낼 수 있습니다.

요셉은 사람들의 시선을 두려워하지 않았습니다. 그러했기에 보디발의 아내의 유혹 앞에서 "내가 어찌 이 큰 악을 행하여 하나님께 죄를 지으리이까"(창 39:9)라고 하며 단호하게 거절할 수 있었습니다. 하나님이 하나님을 의식하는 요셉의 삶을 보호해 주신 것입니다. 그로써 요셉은 사탄의 덫에서 빠져나올 수 있었습니다.

하나님을 의식하는 믿음이 있어야 하나님이 쓰시는 축복의 사람이 됩니다. 그러므로 우리에게 필요한 것은 하나님께 인생의 초점을 맞추고, "오늘도 하나님이 나와 동행하신다. 성령이 오늘 나의 삶에 임재하신다"라는 고백과 체험입니다. 어렵고 힘들 때만 주님이 우리와 동행하시고 우리를 지켜보시는 것이 아닙니다. 하나님은 우리와 언제나 함께하십니다. 그래서 우리는 하나님을 언제, 어디서나, 어느 순간에나 의식해야 합니다. 한 예로, 자녀들과 대화할 때를 생각해 보십시오. 자녀들은 완벽하게 거짓말을 했다고 하지만 부모의 눈에는 다 보이지 않습니까? 마찬가지로 하나님 눈에는 우리의 속마음까지도 다 보입니다.

요즘 어느 곳을 가든 CCTV가 설치되어 있는 것을 볼 수 있습니다. 심지어 엘리베이터를 타서도 CCTV가 있으면 의식이 되어 행동을 조심하게 됩니다. 이처럼 오늘 하나님이 내 삶 가운데 동행하시고 함께하신다는 사실을 의식하게 되면 그 순간 사탄의 유혹 앞에 울타리가 처지면서 우리가 넘어지지 않도록 보호해 줍니다. 그러므로 우리는 하나님 앞에 인생의 초점을 맞추어야 합니다.

하지만 현실적으로 하나님을 의식해서 주의 일을 하고, 기도하고, 하나님께 초점을 맞추는 인생을 살기란 참 어렵습니다. 우리 마음속에 있는 벽이 매우 두껍기 때문에 하나님이 웬만큼 때려 부수셔도 잘 안 깨집니다. 만약 아나니아와 삽비라가 조금이라도 하나님을 의식하고 하나님께 초점을 맞췄더라면 이렇게까지 무너지지는 않았을 것입니다. 하나님이 오늘도 내 삶 가운데 동행하시고 함께하신다는 사실을 의식하며 살아간다면 사탄의 유혹에 넘어지지 않고 이겨 낼 수 있을 것입니다.

셋째, 아나니아와 삽비라는 돌이킬 수 있는 기회를 놓쳤습니다. 부부가 똑같이 놓치고 말았습니다. 본문인 사도행전 5장 1-2절은 "아나니아라 하는 사람이 그의 아내 삽비라와 더불어 소유를 팔아 그 값에서 얼마를 감추매 그 아내도 알더라"라고 말합니다. 아나니아가 주도하고 삽비라는 곁에서 동조했다는 것을 알 수 있습니다. 둘 중 한 명이라도, 단 한 번이라도 "하나님께 드리는 예물이니 올바로 바칩시다. 우리가 하나님께 약속한 대로 합시다"라고 말했다면 그들의 삶은 달라졌을 것입니다.

그러므로 부부끼리 하나님이 기뻐하시는 일이 아니라면 서로에게 충고하고 권면해야 합니다. 누구든 영적으로 깨어 있어야 합니다. 하나님 앞에서 부부, 혹은 공동체가 잘못된 길로 갈 때 누군가 한 사람이라도 깨어서 아니라고, 이렇게 하면 안 된다고 이야기한다면 그 가정이나 공동체는 절대 무너지지 않습니다. 이것이 바로 하나님의 방법입니다. 하나님은 단 한 사람이라도 의인이 있다면 성을 멸망시키지 않는 분이십니다. 죄인의 많고 적음이 아니라 단 한 사람의 의인이 인생의 초점을 하나님께 맞추면서 하나님이 기뻐하시는 일을 행하며 사는 모습을 보시는 것입니다.

우리는 서로에게 하나님이 기뻐하시는 삶을 살자고 이야기해 줄 수 있는 신앙을 소유했으면 좋겠습니다. 오늘날은 그리스도인으로 살아가기가 참 어려운 시대입니다. 잘못인지 알면서도 따라 하기가 너무 쉽습니다. 우리는 신앙 안에서 깨어 있어야 합니다. 부부가 똑같으면 똑같은 행동을 하니까 돌이킬 기회, 판단할 기회를 놓치게 됩니다. 하나님 앞에서 우리의 삶을 다시 한 번 살펴보십시오. 하나님이 기뻐하시는 삶이 무엇인지 생각해 볼 수 있기를 바랍니다.

또한 하나님은 우리에게 회개할 기회를 계속해서 주십니다. 사도행전 5장 7절은 "세 시간쯤 지나"라고 말합니다. 남편인 아나니아가 거짓말로 죽은 후 3시간이라는 시간을 하나님이 삽비라에게 허락해 주신 것입니다. 생각할 수 있는 기회를 주신 것입니다. 그런데 어리석은 삽비라는 회개와 돌이킴의 기회를 살리지를 못했습니다. 우리는 하나님이 우리를 구원하기 위해 주신 하나님의 말씀을 통해 어떻게 살아야 할지를 살펴야 합니다. 어쩌면 오늘도 하나님이 우리에게 회개할 기회를 주면서 기다리실지도 모릅니다. 삽비라는 남편이 죽고 난 다음 시차가 있었음에도 그 시간을 기회로 살리지 못했습니다.

분명 우리는 모두 거짓말을 한 적이 있습니다. 거짓말을 하지 않은 사람은 세상에 아무도 없습니다. 사실 아나니아와 삽비라보다 더 심한 죄를 지었을 수 있습니다. 그럼에도 지금 우리가 죽지 않고 살아 있는 이유는 하나님의 길이 참으심 때문입니다. 하나님은 우리에게 계속해서 돌이킬 기회를 말씀하십니다.

하나님과의 관계에 충실하라

하나님 앞에 예물을 드리는 것을 두려워해야 합니다. 혹 예물을 드리기로 서원했는데 현실적으로 능력이 안 되어서 못 드리고 있습니까? 만약 그렇다면 그 일로 너무 무서워하지는 마십시오. 하나님은 능력이 없는 우리에게 억지로 뽑아내시는 분이 아닙니다. 하지만 적더라도 하나님 앞에서 언약하고 서원한 것을 지킨다는 마음을 갖고 있어야 합니다. 적어도 주일에 100원씩이라도, 10원씩이라도 하나님 앞에 언약하고 서원한 예물을 드리겠다는 마음가짐이 필요합니다. 우리에게는 이러한 마음이 없습니다. 이것은 가룟 유다의 마음입니다. 하나님은 결코 그를 축복하시지 않습니다.

바울은 디모데에게 이렇게 권했습니다. "네가 이 세대에서 부한 자들을 명하여 마음을 높이지 말고 정함이 없는 재물에 소망을 두지 말고 오직 우리에게 모든 것을 후히 주사 누리게 하시는 하나님께 두며 선을 행하고 선한 사업을 많이 하고 나누어 주기를 좋아하며 너그러운 자가 되게 하라 이것이 장래에 자기를 위하여 좋은 터를 쌓아 참된 생명을 취하는 것이니라"(딤전 6:17-19). 우리는 거짓밀을 예사로 하고, 돈이 주인이 되어 돈이면 무엇이든 할 수 있는 세상에 살고 있습니다. 그리고 그 속에서 교회는 병들어 가고 있습니다. 바로 이때 우리는 다시 한 번 자신을 돌이켜 하나님 앞에 어떻게 살아야 할지를 살펴야 합니다. 하나님은 중심을 보시기에 속지 않으십니다. 모든 것을 알고 계십니다. 이 사실을 조금이라도 기억한다면 하나님 앞에서 바르게 살 수밖에 없는 세대가 될 것입니다.

하나님의 복된 일을 하면서 죄를 짓는 어리석은 일을 할 수는 없습니다. 하나님의 백성이 하나님의 일을 하면서 하나님이 주시는 복을 받아야 하는데, 하나님의 일을 하면서 죄를 지으면 얼마나 안타깝습니까? 그러므로 우리는 유혹하는 사탄의 구체적인 계략과 계획이 넘치는 이 세상 속에서 말씀의 빛을 통해 자신을 보려고 부단히 노력해야 합니다. 그렇지 않으면 우리도 아나니아와 삽비라가 될 수 있다는 사실을 기억하십시오.

계속해서 죄를 짓는 우리에게 돌이킬 기회를 끊임없이 주시는 하나님께 감사하십시오. 거짓말을 했는데도 아직 살아 있다는 것 자체가 큰 은혜임을 깨달아야 합니다. 우리는 성령을 거스르거나 사탄이 좋아하는 방법으로 하나님이 주신 아름다운 공동체와 사명을 흩트리지 않고, 깨끗하고 정결하게 살 수 있게 도와 달라고 구해야 합니다. 사실 인간은 도덕적이거나 윤리적이지 않습니다. 도덕과 윤리는 인간이 깨끗하게 살지 못하기 때문에 만든 인간의 약속일 뿐입니다. 그러나 우리가 하나님과의 관계에 충실해지면 우리의 삶은 도덕적이고 윤리적이 될 것입니다.

도덕적으로나 윤리적으로 살려고 애쓰기보다 하나님과의 관계에 충실할 때 하나님은 우리를 하나님의 은혜를 누릴 수 있는 사람으로 다듬어 가실 것입니다. 또한 마음의 중심을 물질에 두는 것이 아니라 물질을 우리에게 주신 하나님의 사명을 이루는 도구로 생각하고 나아갈 때 하나님은 그분의 사랑을 베푸실 것입니다. 내 삶의 주인은 물질이 아니라 하나님이십니다. 하나님께 초점을 맞출 때 주님이 주시는 은혜가 가득 채워지고 그로 인해 거룩한 영향력이 세상에 퍼집니다. 이로써 다시 한 번 주의 역사를 일으키는 우리가 되기를 바랍니다.

인생의 주관자 되시는 하나님,

물질이 중심이 된 세상에서

물질을 넘어 살아 계신 하나님을 보게 하옵소서.

우리에게 참된 자유와 안식을 주옵소서.

06

성공이
목표라면
지금 영혼을
살펴야 한다

_ 흐린 영안 닦아내기

대상 21:1-8

인생의
결정적인 선택

인생에는 결정적인 순간(Crucial point)이 있습니다. 그 순간의 선택으로 일이 잘 풀릴 수도 있고, 하나님의 징계를 받을 수도 있고, 무너졌다가 다시 회복될 수도 있습니다. '아, 그때 내가 이렇게 했더라면' 하고 후회되는 순간도 있을 것입니다. 그러면 그러한 실수나 실패를 반복하지 말아야 하는데, 어리석게도 우리는 계속 후회되는 순간을 마주합니다. 그래서 영적인 사람은 결정적인 순간에 무엇이 문제인지를 진단하고 처방을 내립니다. 물론 처방전을 받는 것이 문제의 끝은 아닙니다. 단지 성숙을 향한 계단 하나를 올라가는 것일 뿐입니다. 하지만 한

계단, 한 계단 오르면서 우리는 신앙적으로 성숙해집니다. 하나님이 주신 평강을 맛보게 됩니다.

이 세상에는 진정한 웃음과 기쁨이 존재하지 않습니다. 진정한 쉼도 없습니다. 우리는 매 순간 찾아오는 도전에 영적으로 깨어서 응답해야 합니다. 한 아이에게 "매일 신앙생활을 잘하려면 어떻게 해야 할까?"라고 물었더니 이렇게 답했다고 합니다. "마귀가 밖에서 문을 두드릴 때 성령님이 나가서 응답하시게 하면 돼요!" 우리는 어떻습니까? 마귀를 향해 항상 우리의 본성이 응답합니다. 내 신앙의 기준으로 응답하는 것입니다. 그 속에는 열정이 없습니다. 나의 죄성이 응답하니까 죄로 얼룩지는 경우가 많습니다.

이제 우리의 삶에 여러 가지 어려움이 닥칠 때 우리 안에 있는 성령이 응답하시도록 해야 합니다. 그러면 많은 성령의 열매를 맺게 될 것입니다. 이를 위해서는 영적인 지식이 필요합니다. 이 장에서는 다윗을 통해 영적인 지식과 영적 각성, 영적인 시력을 회복하는 일에 대해 살펴보고자 합니다.

다윗은 매우 신비로운 사람입니다. 인생에 굴곡이 참 많았던 사람입니다. 사실 목동이 왕이 되기란 불가능한 일입니다. 아무런 가능성 없이 시작된 한 사람의 생애를 하나님이 세워 가셨습니다. 그리고 다윗은 하나님의 은혜를 깨달았고, 하나님의 은혜를 누리는 자로서의 삶을 찬양했습니다. 대표적으로 시편에 그 내용이 잘 기록되어 있습니다. 성경에서 다윗만큼 영적 생활을 풍성하게 누린 자는 없습니다.

다윗은 하나님이 주신 은혜를 이렇게 고백했습니다. "여호와 하나님이여 나는 누구이오며 내 집은 무엇이기에 나에게 이에 이르게 하셨나이까"(대상 17:16). 자기 자신조차도 그 벅찬 은혜를 왜 주셨는지 이해하지 못한 것입니다. 새찬송가 310장, "아 하나님의 은혜로 이 쓸데없는 자 왜 구속하여 주는지 난 알 수 없도다"(1절)라는 작사가의 고백과도 같습니다.

다윗이 왕이 되었기 때문에 그렇게 기도했던 것이 아닙니다. 사실 다윗처럼 비참한 인생을 산 사람은 없습니다. 가정에서 철저하게 버림받았고, 사랑받아야 할 장인어른에게 10년간 쫓겨 다녔고, 생존을 위해 미친 척도 했고, 자기를 도와준 사람은 다 죽었고 친구까지도 죽어서 대화를 나눌 사람조차 없었던 인생입니다. 게다가 자기를 돕겠다고 400여 명이 왔는데 빚진 자, 억울한 자, 원통한 자라서 오히려 다윗이 먹여 살려야 하는 상황이었습니다. 또한 다윗은 자기가 왕이 된다는 소식을 들었지만 하염없이 기다려야 했고 계속해서 전쟁을 치러야만 했습니다. 다윗이 왕이 된 후에는 어떻습니까? 큰아들 암논이 막내딸 다말을 범하면서 둘째 아들 압살롬이 큰아들을 죽였습니다. 이처럼 비참한 가정사와 더불어 그 아들 압살롬의 반란으로 쫓겨 도망 다니기까지 했습니다. 다윗은 정말 기가 막힌 인생을 살았습니다.

우리는 그중에 한 가지만 만나도 못 견딜 일을 다윗은 수 없이 겪고 또 겪었습니다. 그래서 다윗은 "여호와는 나의 반석이시요"(시 18:2)라고 고백했습니다. 오늘도 단단하게 걸어갈 수 있도록 자기 인생을 뒷받침해 주시는 하나님의 은혜가 매우 감사했던 것입니다. 인생의 어두움을 하나씩 물리쳐 주신 지난날의 은혜, 마른 풀 같은 인생을 세워 주신 하나님의 은혜를 찬양한 것입니다. 역대상 18-20장을 보면, 다윗이 하나님의 언약대로 승승장구하는 모습이 나옵니다. 전쟁마다 승리하고 하는 일마다 잘되었습니다. 그러자 다윗은 '아, 이것은 결코 내가 잘나서 이루어진 일이 아니다!' 하며 신기하고 감사했습니다.

그런데 어려운 상대와 싸워서 승리하는 장면이 나온 다음인 역대상 21장에서 갑자기 다윗은 인구 조사를 실시했습니다. 이 일은 하나님이 보시기에 악했습니다. 결국 다윗의 행위로 이스라엘 백성 7만 명이 죽었습니다. 다윗은 소중한 하나님의 백성을 잃은 것에 대해 너무나도 슬펐습니다. 그들의 죽음이 마치 자기의 죽음과 같다고 여겼습니다. 그 정도로 백성을 사랑한 지도자였던 것입니다. 그래서 다윗은 그 아픔의 문제를 하나님 앞에 들고 가 풀어 갔습니다.

흥미롭게도, 엄청난 대가를 치른 후 다윗이 왕으로서 정신을 단단히 차린 것으로 사건이 마무리되지 않았습니다. 실패를 실패로 마친 것이 아니라, 하나님은 그 일을 계기로 다윗이 성전 건축을 위한 준비에 전념하게 하셨습니다. 영적인 삶으로 이어 가시는 하나님의 인도하심을 본문의 흐름 속에서 볼 수 있는 것입니다. 하나님은 잘못에 대해 징계하고 야단치는 것으로 끝내시지 않습니다.

어릴 적에 어머니는 기도원이나 부흥회에 가시면 "형준아, 여기 시래기 국과 밥이 있다. 이거 먹고 공부해라" 하고 말씀하셨습니다. 그리고 멀리 외출하시게 되면 꼭 10원을 두고 가셨습니다. 만화방에서 시간을 보내기 위해서였습니다. 당시 놀거리가 없던 아이들에게 만화가 얼마나 흥미진진했습니까? 다음 편이 궁금해서 죽을 지경이었습니다. 그런데 어느 날엔가 10원이 놓여 있지 않은 것입니다. 저는 10원을 뒤져서 손에 쥐고 만화방에 갔습니다. 어머니는 그 행동에 대해 크게 혼을 내며 저를 때리셨습니다. 그러고 나서 딱하셨던지 저에게 10원을 주셨습니다. 지금은 웃고 넘길 일이지만 그 순간 10원은 제게 은혜였고 하나님의 위로였습니다. 마찬가지로 하나님은 우리를 야단치시고 난 다음에는 위로해 주십니다. 우리의 삶을 본질로 이끌어 가시는 것입니다.

하나님은 다윗에게 직접 성전을 짓지 못하게 하셨습니다. 하지만 하나님의 나라를 위해 성전을 지을 준비를 시키셨습니다. 다윗의 실패와 아픔을 통해 그를 위로하며 깨닫게 하신 것입니다. 비록 지금은 힘들고, 어렵고, 고통스러워도 하나님이 이를 통해 그를 더 단단히 세워 가시는 것입니다.

다윗이 죄를 지은
두 가지 이유

다윗이 인구를 계수한 이유가 무엇입니까? 아마도 다윗은 "지피지기면 백전불태라는데, 저는 왕으로서 군사가 얼마나 되는지 알고 싶었을 뿐입니다"라고 변명할지 모르겠습니다. 그런데 왜 하나님은 인구 조사를 악하게 여기셔서 호되게 야단을 치셨을까요?

다윗은 앞서 자신이 승리한 까닭은 군사들의 숫자나 자신의 지혜 때문이 아니라 하나님께 있다고 고백했습니다. 요압 장군이 그 곁에서 고백하는 다윗의 모습을 지켜보았습니다.

그래서 다윗이 요압 장군에게 인구 계수 명령을 내리자 그는 이렇게 답했습니다. "내 주 왕이여 이 백성이 다 내 주의 종이 아니니이까 내 주께서 어찌하여 이 일을 명령하시나이까 어찌하여 이스라엘이 범죄하게 하시나이까"(대상 21:3). 결국 요압은 다윗이 인구 조사를 재촉했기에 그 명령을 따랐습니다. 요압은 영적인 분별을 하는 자였고, 그의 분별력은 다윗을 회복시키는 데 매우 중요한 역할을 했습니다.

요압의 지혜로운 면면이 또다시 드러난 장면이 있습니다. 그가 인구 조사를 하면서 베냐민 지파와 레위 지파는 계수하지 않은 것입니다. "요압이 왕의 명령을 마땅치 않게 여겨 레위와 베냐민 사람은 계수하지 아니하였더라"(대상 21:6). 이 일은 분명히 하나님께 잘못한 일이며, 하나님이 징계하시더라도 최대한 문제가 없게 해야 한다고 분별해 행한 것입니다. 레위 지파는 주의 성전과 관련된 사람들이고, 베냐민 지파는 주의 법궤가 있는 예루살렘에 거했습니다. 쉽게 말해, 요압은 하나님의 은혜를 계속 받아 누리고자 주의 종과 하나님의 공동체를 보호했던 것입니다. 그는 정말 영적으로 지혜로운 사람입니다.

그런데 다윗이 부하들의 반대에서 불구하고 인구 조사를 강행해 실패하게 된 이유는 무엇일까요?

첫째, 대적자가 옆에 있었기 때문입니다. 21절을 보면, "사탄이 일어나"라고 기록되어 있습니다. 여기서 '사탄'은 정관사가 붙지 않아 하늘에서 공중 권세를 잡은 자를 의미하는 것이 아니라 일반적으로 하나님을 대적하고 하나님의 뜻대로 살지 않는 사람을 뜻합니다. 우리가 잘 아는 시편 1편 1절의 "복 있는 사람은 악인들의 꾀를 따르지 아니하며"라는 말씀에서 '악인'과 마찬가지입니다. 여기서 '악인'은 도덕적으로 악한 사람이 아니라 자기 삶 속에 하나님이 없다는 생각의 토대 위에 인생을 세운 사람을 말합니다. 마찬가지로 21절의 '사탄'은 하나님이 없다고 말하는 사람을 의미하며, 그가 다윗을 충동했다는 뜻입니다. 쉽게 말해, "대단합니다, 왕이시여. 당신의 군사들이 백전백승하지 않았습니까? 대단한 군사들의 수가 얼마나 되는지 한번 살펴보셔도 좋겠습니다"라고 말한 것입니다.

그 말을 들은 다윗의 마음은 요동했습니다. 사람은 누구나 죄성이 있어서 자랑하고 싶고 자기주장을 하고 싶어 합니다. '내 인생은 내 마음대로'라고 생각하는 죄의 뿌리가 말씀에 대한 불순종으로 이어지는 것입니다. 이것이 바로 아담과 하와가 저지른 죄의 시작입니다. 우리 마음속 죄성이 우리더러 굉장하다고 칭찬하고 인정해 주면서 격동시키는 것입니다. 반대로 시기와 질투를 통해 격동시켜서 하나님의 은혜를 계속해서 가리는 사람도 있습니다. 바로 그런 사람들이 다윗 곁에 있었던 것입니다. 대적자는 멀리 있지 않습니다. 예수님은 "사람의 원수가 자기 집안 식구리라"(마 10:36)라고 말씀하셨습니다.

우리 속에 있는 죄성을 계속 충동질하면서 지난날에 받은 놀라운 하나님의 은혜를 기억하지 못하게 하고, 자신의 힘과 능력으로 다 이룬 것이라고 이야기하는 수많은 대적자가 내 삶 아주 가까이에 있다는 것을 꼭 기억하십시오. 이 세상에는 어차피 시험과 유혹이 많습니다. 우리는 이 사실을 알고 믿어야지, '하나님을 믿는데 내 삶은 왜 이렇지?' 하고 생각하면 그때부터 무너지기 시작합니다.

예수님을 믿어도 우리의 죄성은 여전하고, 거기서 비롯된 어려움과 힘든 일도 당연히 존재합니다. "내가 세상을 이기었노라"(요 16:33)라고 하신 주님 안에 들어갈 때 우리는 승리할 수 있습니다. 그러나 우리는 '예수 믿으면 모든 일이 완벽하고, 평안하고, 잘된다. 내가 이만큼 기도했으니까, 내가 이만큼 하나님 앞에 바르게 살았으니까 결과가 그만큼 좋을 것이다'라고 생각합니다. 이런 마음이 있으면 곧 넘어지고 맙니다. 바로 이 지점에서 하나님은 우리가 주님 안에서 어떻게 믿음으로 이겨 내는지를 지켜보십니다. 그래서 하나님께로부터 옳다고 인정받은 후에는 하나님이 주시는 성숙이라는 선물을 받게 됩니다. 우리의 삶에서 가장 큰 축복은 소유나 지위가 아니라 성숙한 인격입니다.

그런데 그 축복을 누리지 못하게 방해하는 존재가 내 안에 있습니다. 세상에서 가장 치열한 전쟁 지역은 내 마음속입니다. 내 마음을 점령하려고 끊임없이 다가오는 어두움과 악한 영들은 우리가 하나님의 은혜를 받지 못하게 만들고, 하나님이 주신 축복을 낭비하게 만들고, 오히려 하나님을 대적하고 하나님의 뜻대로 살지 못하게 만들어 인생을 소비하다가 비참하게 이 세상을 끝내도록 덫을 놓고 기다리고 있습니다. 바로 이러한 대적자들이 우리 안에 있는 것입니다.

전쟁에서 승리하기 위해서는 영적 무기가 있어야 하는데, 다윗은 그것을 몰랐습니다. 그런데 다윗 곁에는 매우 좋은 사람들이 있었습니다. 그들은 다윗이 무너지고, 똑똑한 사람들이 모두 압살롬에게 갔을 때 비록 자기 인생이 빚지고 억울한 인생임에도 불구하고 도망가는 다윗의 비참한 자리까지 동행했습니다. 다윗 왕조를 다시 일으켜 세운 400여 명의 용사들이 바로 그들입니다.

요압도 그중 한 사람입니다. 요압 장군은 다윗을 일깨워 주었으며, 하나님의 뜻을 보고 하나님의 음성을 듣게 한 영적인 친구였습니다. 내 속에 들어온 생각이라고 해서 무조건 맞다고 생각해선 안 됩니다. 생각을 넣어 준 존재가 사탄일 수 있습니다. 그래서 가룟 유다가 예수님을 팔았던 것입니다(요 13:2). 그러므로 내 생각을 하나님의 말씀으로 검증하지 않고서는 옳고, 맞다고 여기지 말아야 합니다.

참 안타깝게도, 하나님께 은혜를 많이 받고 놀라운 역사를 체험한 사람이 자기 신념에 따라 판단하다가 습관처럼 자기 신념의 힘으로 살아가게 되고, 또 그것이 진리인 양 착각하는 경우가 우리 주변에는 많습니다. 그러므로 분별력이 필요합니다. 무엇이 옳고 그른지 분별하지 못하면 조금씩 굳어져 가게 되어 있습니다. 민감하게 깨어서 하나님 앞에서 하나님이 주신 뜻을 이룬다고 생각하지 않으면 주의 일을 하면서도 죄를 짓게 되어 있습니다. 우리는 우리 가까이에 늘 사탄이 있다는 사실을 잊어서는 안 됩니다.

둘째, 연속된 성공과 승리가 다윗을 교만하게 만들었기 때문입니다. 우리가 진짜 위험할 때는 잘될 때입니다. 다윗은 계속 승리했습니다. 그런데 이때 성경을 보면 "다윗이 기도를 드렸더라", "다윗이 제단을 쌓았더라"라는 기록을 찾아볼 수 없습니다. 전쟁하기 바빠서였을 수도 있지만, 중요한 것은 다윗이 하나님께 기도하며 영적으로 사는 삶을 잃어버렸던 것입니다. 사람이 계속해서 성공하고 잘되면 그것이 자기 정체성의 일부가 되어 버립니다.

하나님은 이렇게 말씀하셨습니다. "네 마음이 교만하여 네 하나님 여호와를 잊어버릴까 염려하노라 여호와는 너를 애굽 땅 종 되었던 집에서 이끌어 내시고"(신 8:14). 신명기는 가나안 땅에 들어가기 직전에 하나님이 모세를 통해 이스라엘 백성에게 하나님의 백성답게 사는 법을 말씀해 주신 내용입니다. 풍요로운 음식과 금은보화를 보면 마음이 스스로 높아져 하나님을 잊어버립니다. 이것이 교만하면 나타나는 첫 번째 현상입니다. 따라서 하나님은 애굽 땅 종 되었던 집에서 이끌어 내신 하나님을 기억하라고 말씀하신 것입니다.

우리가 감사하지 못하는 이유는 하나님이 주신 축복을 당연하게 생각하기 때문입니다. 지나온 세월을 한번 돌아보십시오. 만약 '나는 지금까지 이렇게 살아왔으니 당연히 이렇게 살아야 해!'라고 생각한다면 은혜를 잊고 사는 사람이라고 할 수 있습니다. 그는 자기 의에 사로잡힌 채 하나님을 향해 감사하는 마음이 전혀 생기지 않습니다. 인간의 의는 정죄와 불평과 원망입니다. 인간이 정의롭다고 말하는 삶의 모습에는 반드시 정죄함이 나타나기 마련입니다. 하지만 하나님의 의는 반드시 은혜입니다. 하나님이 은혜로 우리를 다시 세워 가시는 것입니다. 하나님은 기도하는 사람 편이십니다. 기도하는 사람은 하나님이 옳다고 여기는 사람으로, 하나님은 그를 축복하십니다.

하나님은 또다시 이어지는 신명기 8장 17-18절에서 "그러나 네가 마음에 이르기를 내 능력과 내 손의 힘으로 내가 이 재물을 얻었다 말할 것이라 네 하나님 여호와를 기억하라 그가 네게 재물 얻을 능력을 주셨음이라 이같이 하심은 네 조상들에게 맹세하신 언약을 오늘과 같이 이루려 하심이니라"(신 18:17-18)라고 말씀하셨습니다. 출애굽 당시 하나님은 이스라엘 백성을 만나와 메추라기로 먹이시고, 구름 기둥과 불 기둥으로 인도하셨습니다. 하나님은 모세를 통해 가나안 입성을 앞둔 그들에게 "네 하나님 여호와를 기억하라"라고 말씀하셨습니다. 출애굽해서 가나안 땅에 들어가게 된 것이 그들의 능력 때문이 아니라 하나님의 은혜 덕분임을 알게 하시려는 것입니다.

우리는 보통 '내가 공부를 잘하기 때문에 사람들에게 이만큼 존경을 받는 거야. 내가 열심히 살았기 때문에 사업이 이렇게 잘되는 거야'라고 생각합니다. 하나님은 우리가 잘되면 우리로 잘되게 하신 하나님을 잊어버리기 쉬운 존재라고 말씀하셨습니다. 그러면서 은혜와 사랑을 주신 하나님을 잊지 않도록 조심하라고 하셨습니다.

영적 감각을
유지하라

분명히 기억할 것은, 우리는 하나님의 은혜가 아니면 오늘도 살아갈 수가 없다는 사실입니다. 하나님이 우리의 인생을 채워 주시지 않으면 승리할 수 없습니다. 예수님은 산상수훈에서 "심령이 가난한 자는 복이 있나니 천국이 그들의 것임이요"(마 5:3)라고 말씀하셨습니다. 심령이 가난하다는 말은 "하나님, 저는 하나님의 은혜가 아니면 오늘도 살아갈 수가 없습니다"라고 고백한다는 뜻입니다. 이러한 마음을 가진 사람이 복 있는 사람입니다. "하나님이 내 삶을 인도해 오셨다!"라는 고백이 늘 있어야 하는 것입니다.

이를 위해 우리는 늘 말씀으로 깨어 있어 영적 감각을 유지해야 합니다. 서로가 서로를 말씀으로 계속 일깨워서 우리의 기도가 쉬지 않게 하고, 우리의 감사가 무디어지지 않게 하고, 하나님을 향한 사랑이 무너지지 않게 하고, 세상을 사랑하지 말고 하나님께로 돌아가야 합니다. 세상적으로 살아가면 삶 속에 성령의 열매가 아니라 육체의 열매가 맺히게 되어 있습니다. 그러므로 우리는 영적으로 깨어나야 합니다.

선지자 발람은 영적으로 어두워져서 나귀도 보는 칼 든 천사를 보지 못했습니다. 오히려 멈추어 선 나귀를 재촉하며 때 렸습니다. 나귀가 얼마나 답답했던지 입을 열어서 말했습니다. 물론 하나님이 나귀의 입을 열어 주셨습니다. "내가 당신에게 무엇을 하였기에 나를 이같이 세 번을 때리느냐 … 나는 당신이 오늘까지 당신의 일생 동안 탄 나귀가 아니냐 내가 언제 당신에게 이같이 하는 버릇이 있었더냐"(민 22:28-30). 이 말은 "천사가 칼을 들고 죽이려고 하는 모습이 짐승인 제 눈에는 보이는데 주인님 눈에는 안 보이십니까?"라는 뜻입니다. 기가 막힌 일입니다. 영적으로 어두워지면 우리의 눈이 감기는 것입니다.

회복은 어떻게 이루어지는 것일까요? 회복의 시작은 언제나 회개입니다. 다윗 주위에는 그를 일깨워 주는 사람이 있었습니다. 그리고 하나님은 물리적으로 이스라엘 백성에게 전염병을 내리셔서 이스라엘 백성 중에서 죽은 자가 7만 명이나 되게 하심으로 다윗을 쳐 그가 깨달음을 얻게 하셨습니다.

우리는 다 죄를 지을 수밖에 없습니다. 육적인 사람은 죽을 때까지 자신이 무슨 죄를 지었는지 모릅니다. 이사야 1장에 나온 대로, 그들은 맞은 데 또 맞고 맞아서 상처가 나도 못 깨닫습니다(사 1:5-6). 반면 영적인 사람은 조금만 어려움이 있으면 '아, 이거 아니구나!' 하며 빨리 하나님께로 돌이킵니다. 하지만 하나님은 죗값은 치르게 하십니다. 죄는 용서하시지만 죄의 값은 지불해야 하는 것입니다. 그래서 하나님 없이 살아갈 수 있다는 교만이 고개를 들지 않게 하십니다.

하나님은 다윗에게 죗값으로 3가지 징벌 중 하나를 선택하게 하셨습니다. 그 결과 다윗이 어쩔 수 없이 고른 전염병으로 이스라엘 백성 7만 명이 죽었습니다. 천사들이 예루살렘을 완전히 섬멸하려고 할 때 하나님이 천사들에게 칼을 거두라고 말씀하셨습니다.

하나님은 "내가 네 허물을 빽빽한 구름같이, 네 죄를 안개같이 없이하였으니"(사 44:22)라고 말씀하시면서 우리를 용서하고 우리의 죄를 기억하지도 않는다고 하셨는데 왜 이렇게 죗값을 치르게 하신 것일까요? 우리가 다시는 같은 죄를 범하지 않게 하시려고 우리 마음에 새겨 두시려는 것입니다. 마치 어린 자녀가 계속 뜨거운 물로 장난을 치고 싶어 할 때 살짝 만져보게 하는 부모의 마음과도 같습니다.

하나님은 우리를 사랑하시기에 마음 아파하시면서도 우리에게 죗값을 치르게 하십니다. 그리고 위로해 주십니다. 위로의 첫 번째 방법은 다윗의 마음을 주의 성전을 준비하는 영적인 마음으로 바꾸신 것입니다. 하나님과의 관계를 회복하는 것은 회개요, 하나님과의 관계를 아름답게 만드는 것은 찬양과 감사입니다. 그런 의미로 두 번째로 하나님은 다윗에게 여부스 사람 오르난의 타작마당에서 제단을 쌓으라고 하셨습니다. 번제와 화목제, 즉 예배를 드리라고 하신 것입니다. 예배는 매우 중요합니다. 그때 내가 하나님 앞에서 죽기 때문입니다. 다윗은 주인인 오르난이 땅을 그냥 가져가라고 하는데도 땅값을 치렀습니다. 하나님께 예배를 드릴 때는 값을 치러야 한다는 것입니다. 예배를 드릴 때는 시간이라는 값, 내 중심이라는 값을 치르고 하나님께 집중해야 합니다. 그것이 바로 내가 죽는 것입니다.

예배의 자리는 교제하거나, 장사하거나, 내 의견을 피력하는 곳이 아닙니다. 나를 향한 하나님의 말씀이 무엇인지, 그분의 음성을 듣고 나의 생각과 경험과 노력을 다 죽이는 것입니다. 그리고 하나님 앞에 내 삶을 드리는 것입니다. 그래서 예배에는 팽팽한 긴장이 존재합니다. 우리는 나 자신을 하나님 앞에 드릴 때 값을 치러야 합니다. 우리도 예배드릴 때 시간과 예물을 드리지 않습니까? 하나님은 다윗에게도 그 대가를 치르게 하신 것입니다. 그리고 회개의 합당한 열매는 하나님의 말씀에 순종하는 것입니다.

우리의 인생 가운데 하나님의 천사들이 멸망과 심판의 칼을 빼 드는 순간이 찾아올 수 있습니다. 그 순간, 우리는 예배로 그 칼을 거두게 할 수 있습니다. 예배는 하나님이 나를 축복하시는 통로이자, 내 삶 속에 나도 모르는 죄로 인한 저주와 악한 것들이 침입하지 못하도록 하나님이 막아 주시고 붙들어 주시는 자리입니다. 그래서 예배에 성공하면 다 성공하고, 예배에 실패하면 다 실패하는 것입니다.

만약 예배 시간에 자꾸 졸음이 온다면 하나님 앞에 긴장하고 기도해야 합니다. 하나님의 말씀이 나를 향한 말씀으로 들리지 않고 마음속에 와 닿지 않으면 설교자에게도 문제가 있지만 내 영혼이나 신념에 문제가 있지는 않은지 진지하게 고민해 봐야 합니다. 예배의 실패는 분명 삶의 실패로 나타납니다. 실제로 개개인의 삶을 관찰해 보면 신앙 상황에 따라 삶의 결과가 다르게 나타난다는 것을 알 수 있습니다. 참으로 두려운 일입니다.

우리 하나님은 좋으신 분이지만 때로는 참 무서운 분이십니다. 그래서 하나님을 경외할 수밖에 없습니다. 약속을 지키고자 자기 아들까지 죽이신 분이 아닙니까? 오늘도 우리를 사랑하기 위해 자기 아들을 죽이신 하나님이 우리를 결코 포기하지 않고 붙드신다는 사실을 기억하기 바랍니다. 우리가 할 일은 찬양과 감사밖에 없습니다.

결정적으로 영적으로 깨어 있는 것이 중요합니다. 교회 일이라고 다 주의 일이 아니고, 세상 일이라고 다 주의 일이 아닌 것이 아닙니다. 마음속의 근본적인 동기와 중심이 중요합니다. 하나님을 사랑하는 마음, 모든 것이 주의 은혜라는 마음이 있어야 모든 일이 주의 일이 됩니다. 언제 어디서나 주의 일을 할 수 있는 지혜가 우리에게 있기를 바랍니다.

07

평안할 때
무너지기
쉽다

_ 우선순위 점검하기

요한계시록 2:1-7 / 3:14-22

삶의 우선순위를
점검하는 일

주님과 관계없는 인생, 주님을 잊은 인생은 의미가 없습니다. 세상 만물을 주님이 창조하셨는데, 주님 없이도 살아갈 수 있다고 생각하는 것 자체가 허무하기 때문입니다. 우리를 부하게도 하시고 낮추시기도 하시고, 죽이기도 하시고 살리기도 하시는, 즉 생사화복의 주관자이신 주님 없이도 살아갈 수 있다고 생각하는 인생은 어리석습니다.

주님이 아닌 다른 것에 의미를 두는 삶은 허상을 붙들고 살아가는 것과 마찬가지입니다. 그러므로 우리는 인생에서 정말 중요한 것을 놓치고 있는 것은 아닌지 수시로 점검해야 합니다. 쉬운 일은 아닙니다. 특히 삶이 평안한 순간에는 그런 생각을 하기가 쉽지 않습니다. 내가 중요하다고 생각한 것이 헛되다는 사실을 깨닫는 데까지는 오랜 시간이 걸립니다. 그래서 때로는 주님이 광야의 시간을 경험하게 하실 때 비로소 '주님이 없는 삶은 아무 의미 없는 수고'라는 사실을 깨닫게 되기도 합니다.

그래서 요즘 저는 세월이 흘러갈수록, 또 삶에 연륜이 쌓여 갈수록 붙잡아야 할 것을 붙잡고 놓아야 할 것을 놓을 수 있는 분별력과 용기를 달라고 기도합니다. 우리는 주님이 원하시는 모습으로 계속해서 변하지 않으면, 변하지 않는 진리를 붙잡을 수가 없습니다. 그렇다면 우리의 삶과 신앙이 생명력을 잃기 시작하는 순간은 언제일까요? 요한계시록의 소아시아 교회 중 두 교회의 실패를 살펴보면서 어떻게 생명력을 회복할 수 있는지, 그 영적 원리를 찾아보겠습니다.

처음 사랑을 회복하라

우리의 삶과 신앙이 생명력을 잃어버리기 시작하는 때는 첫째로, 처음 사랑을 잃어버릴 때입니다. 요한계시록에 나오는 소아시아 일곱 교회 중 하나인 에베소교회는 하나님의 말씀대로 살기 위해 굉장히 노력한 교회였습니다. 그들에게는 교회의 순수성과 하나님의 복음을 지키기 위한 판단력과 분별력이 있었습니다. 그런데 그러한 에베소교회를 향해 주님이 한 가지 책망할 것이 있다고 말씀하셨습니다. 처음 사랑을 잃어버렸다는 것입니다(계 2:4).

처음 사랑을 회복하기란 참 어려운 일입니다. 배우자와 처음 사랑에 빠진 순간을 떠올려 보십시오. 사랑에 빠지는 것은 순간이고, 그 사랑을 지속하는 일은 평생이 걸린다는 것을 알 수 있습니다. 결혼하고 나서 가장 큰 위기가 언제 찾아옵니까? 배우자가 내가 생각했던 모습과는 다른 태도를 보일 때입니다. 부부로서 살을 맞대며 살아가면서 이전에 봤던 것과는 전혀 다른 모습을 보게 됩니다. 그때부터 결혼 생활에 갈등이 오고 회의를 느끼게 됩니다.

하지만 사랑의 기준은 내가 아닙니다. 주님은 단지 "좋아하라"고 말씀하시지 않고, "사랑하라"고 말씀하셨습니다. 좋아하는 것은 내가 기쁘고, 내가 의미가 있고, 내가 보람을 느끼면 그만이지만 사랑은 그렇지 않습니다. 사랑은 상대가 나로 인해서 세워지고 기뻐하게 해야 합니다. 그렇기에 사랑하는 사람의 입장에서는 괴로울 수밖에 없습니다. 주님은 사랑하기에 겪어야 하는 괴로움을 회복하라고 말씀하신 것입니다.

그런데 특히 여기서 주님이 말씀하신 사랑은 '처음 사랑'입니다. 처음 사랑이 무엇입니까? 처음 사랑이란 온전한 사랑이요, 그 사랑에서는 말할 수 없는 기쁨이 샘솟듯 솟아납니다. 예를 들어, 누군가 너무나 완벽한 여인을 아내로 맞이했다고 합시다. 그런데 어느 날 아내가 이전에 교제하던 사람과 단 하루만 시간을 보내고 오겠다고 한다면 받아들일 남편이 어디 있겠습니까? 온전히 나만을 위한 사람이 되기를 바라는 마음, 이것이 바로 온전한 사랑입니다.

사도 요한은 '우레의 아들'이라는 별명을 가졌을 정도로 성질이 불같은 사람이었습니다. 그런 그가 밧모섬에서 계시를 받은 후 가르친 내용은 언제나 사랑이었습니다. 대표적으로 요한일서 4장 7-8절에서는 "사랑하는 자들아 우리가 서로 사랑하자 사랑은 하나님께 속한 것이니 사랑하는 자마다 하나님으로부터 나서 하나님을 알고 사랑하지 아니하는 자는 하나님을 알지 못하나니 이는 하나님은 사랑이심이라"라고 고백했습니다.

그런데 주님이 우리에게 하신 말씀 중에 정말 지키기 어려운 것이 있는데, 그것은 사랑을 회복하고 의와 화평을 함께 세우는 일입니다. 의와 화평을 세우는 일은 정말 쉬운 일이 아닙니다. 제가 교회에 처음 부임했을 때 가장 중요하게 생각한 일은 교회를 신뢰하지 못하게 만드는 모든 요소를 바르게 세우는 일이었습니다. 주님의 교회가 진정 교회 되게 하는 바른 신앙을 세우기 위해 어떻게 할 것인지를 살핀 것입니다. 언젠가 저 자신이 무슨 일을 하고 있나 생각해 보니 마치 교회의 감독관과도 같았습니다. 의를 세우려면 화평이 깨집니다. 교회를 바르게 이끌어 가고 바른 삶을 살아야 한다고 이야기하기 위해서는 다른 사람의 잘못된 부분을 드러내야 하기 때문입니다.

성경은 성령이 우리와 함께하시면 의와 희락과 화평이 있다고 말합니다. 하지만 곰곰이 생각해 보면 의와 희락과 화평, 3가지가 공존하기란 사실상 불가능해 보입니다. 착하고 의로운 일을 할 때 정말 마음속에 기쁨이 샘솟습니까? 우리는 죄성을 가진 존재이기 때문에 의가 세워지면 마음속에 기쁨이 사라집니다. 만일 서로 나쁜 일을 도모하고 화평하다면 그 속에는 의가 없는 것입니다. 또한 내 마음속에 평강과 기쁨을 누리고자 남의 감정 따위는 깊이 고려하지 않는 경향이 우리에게는 있습니다. 즉 평강이 내 속에 있으면 의의 관계가 깨지고 맙니다. 이처럼 의와 희락과 화평이 공존하는 상태를 유지하기란 사실상 매우 어려운 일입니다.

우리는 의와 희락과 화평을 공존시키기 위해 '온전한 사랑'으로 나아가야 합니다. 우리를 사랑하시는 하나님은 온전한 사랑을 위해 십자가에서 자기 아들을 희생시키셨습니다. 사도 요한은 바로 그 사실을 깨달았던 것입니다. 결국 사랑은 감정의 차원이 아니라 결단과 행위의 차원입니다. 그리스도가 보여 주셨듯이 사랑에는 의가 있어야 합니다. 의가 없으면 사랑은 올바른 방향으로 나아갈 수 없습니다. 또한 의와 함께 사랑이 있어야 합니다. 그러므로 우리는 의를 세우기 위해 더 많이 사랑해야 합니다.

또한 사랑이 가진 중요한 성질은 복원력이 강하다는 것입니다. 예를 들어, 자녀들이 아무리 부모의 속을 썩인다 하더라도, 부모는 자녀를 깊이 사랑하기에 상한 마음이 빨리 회복됩니다. 자녀가 한 번 속을 썩였다고 해서 등을 돌리는 부모는 없습니다. 자녀들을 보면 언제 그랬냐는 듯이 기쁨과 행복이 샘솟습니다. 인간관계를 맺다 보면 속상한 일도 있지만, 우리 안에 사랑이 있으면 상한 마음을 빨리 회복할 수 있습니다. 그래서 주님은 우리에게 처음 사랑을 빨리 회복하라고 말씀하십니다. 그리고 "어디서 떨어졌는지를 생각하고 회개하여 처음 행위를 가지라"(계 2:5)라고 말씀하십니다.

그렇다면 처음 사랑을 회복하기 위해 필요한 것은 무엇일까요? 가장 먼저, '생각'을 해야 합니다. 신앙생활에서 정말 중요한 것은 나를 생각하는 것, 나 자신을 돌아보는 것입니다. 곧 내가 하고 있는 말과 행동이 정말 사랑에서 비롯되었는지 내면을 살피는 일입니다. 우리가 수고하고 애쓰는데도 불구하고 정작 사랑은 없는 것은 아닌지 돌아보아야 합니다.

바울도 사랑이 얼마나 중요한지를 알고 있었습니다. 그래서 "내가 사람의 방언과 천사의 말을 할지라도 사랑이 없으면 소리 나는 구리와 울리는 꽹과리가 되고 내가 예언하는 능력이 있어 모든 비밀과 모든 지식을 알고 또 산을 옮길 만한 모든 믿음이 있을지라도 사랑이 없으면 내가 아무것도 아니요"(고전 13:1-2)라고 말했습니다. 우리 마음속에서 사랑이 사라지기 시작하면 세상의 유혹에 너무나 쉽게 무너지고, 생명력을 잃고 살아갈 수밖에 없습니다. 우리는 내 삶과 가정과 교회를 위해 옳은 길을 가기를 선택하려고 몸부림쳐야 합니다. 그러나 하나님의 의가 우리에게 주는 부담감보다 그것을 넘어서는 하나님의 사랑을 경험해야 합니다.

다음으로, '회개'해야 합니다. 회개는 후회와 돌이킴이 병행되어야 합니다. 내가 한 행위에 대해 '잘못했구나' 하고 생각하고는 멈추어선 안 됩니다. 회개는 죄를 짓다가 그것이 나쁜 행위임을 아는 것만으로 해결되지 않습니다. 회개는 죄를 짓던 자리에서 돌아서서 새로운 방향으로 나아가는 적극적인 행위인 것입니다. 앞으로의 삶을 선하게 살아나가는 것이 진정한 회개의 모습입니다.

하나님의 말씀에
마음을 두라

둘째, 우리의 삶과 신앙이 주님의 생명력을 잃어버리는 순간은 말씀을 들어도 아무 변화도 일어나지 않을 때입니다. 특별히 요한계시록의 일곱 교회 중 라오디게아교회에 대한 책망에서 알 수 있습니다. "내가 네 행위를 아노니 네가 차지도 아니하고 뜨겁지도 아니하도다 네가 차든지 뜨겁든지 하기를 원하노라 네가 이같이 미지근하여 뜨겁지도 아니하고 차지도 아니하니 내 입에서 너를 토하여 버리리라"(계 3:15-16).

이 말씀은 신앙생활 할 때 뜨겁든지 차든지, 양자택일을 하라는 의미가 아닙니다. 이 표현은 당시 라오디게아교회 성도들이 가장 잘 알고 있는 말이었습니다. 라오디게아교회가 위치한 지역에는 서아시아에서 가장 큰 은행이 있었습니다. 또한 그곳은 전 세계적으로 양모와 안약이 굉장히 발달한 곳이었습니다. 그래서 아주 부유하고 풍족한 도시였습니다. 이처럼 풍요로운 동네에 부족한 것이 하나 있었는데, 물입니다.

라오디게아 지역은 송수관을 통해 히에라볼리(Hiereapolis)라는 북쪽 지방으로부터 온천수를 받아서 사용했습니다. 그 물이 약 11km 길이의 송수관을 타고 내려오다 보면, 라오디게아에 도착할 무렵 미지근해졌습니다. 또 남쪽 골로새라는 곳에서는 아주 시원한 지하수가 솟아올랐는데, 약 16km 길이의 송수관을 타고 라오디게아에 도착하면 역시 미지근해지고 말았습니다. 그래서 라오디게아 사람들은 이 물을 쓰지 못했습니다. 왜냐하면 당시 제사를 드릴 때는 뜨거운 물이나 차가운 물이 아니면 사용하지 않았기 때문입니다. 물이 있지만 아무런 소용이 없었던 것입니다. 결국 주님이 라오디게아교회를 향해서 하신 말씀은 "너희의 수고와 애씀이 나에게는 소용없는 일이다"라는 의미였던 것입니다. 내게 좋고 꼭 필요해 보이는 일이라 할지라도 주님께는 무의미할 수 있습니다.

건강한 교회는 하나님의 말씀을 들으면 즉각 반응이 나타나게 되어 있습니다. 성도들이 말씀 앞에 반응하고 응답합니다. 하나님의 말씀은 생명의 말씀이기에 죽음의 그늘에 있던 사람에게도 다시 살아야겠다는 희망을 안겨 줍니다. 그러나 말씀에 관심을 두지 않는 사람의 삶에는 아무런 영향도 미칠 수가 없습니다. 그러한 사람은 말씀 앞에서 자신의 삶을 돌아보고, 습관을 바꾸고, 성품을 성숙하게 만들어 가지 못합니다. 그야말로 생명력 없는 신앙인 것입니다.

그렇다면 라오디게아교회가 이처럼 반응이 없었던 이유는 무엇일까요? 뜨거운 물도 아니고 차가운 물도 아닌, 주님께 아무 소용없는 삶이 된 이유가 무엇인지 살펴보겠습니다. 먼저, 라오디게아 성도들의 관심이 하나님의 말씀에 있지 않았기 때문입니다. 사람들은 자기가 좋아하고 득이 되는 일을 만나면 민감하게 반응합니다. 예를 들어, 내일 새벽 기도회에 나오면 상당한 액수의 돈을 준다고 합시다. 그러면 아마 전날 밤부터 줄을 서서 기다릴 것입니다. 관심 있는 분야에는 이처럼 민감한 존재가 우리입니다.

언젠가 아이의 학교에서 준비물로 양푼을 가져오라고 한 적이 있습니다. 양푼을 구하러 여러 시장에 들렀습니다. 이전에는 전혀 관심을 갖지 않았던 물건이라 눈에 띄지 않았는데, 관심을 갖고 보기 시작하니까 곧바로 눈에 들어왔습니다. 내가 관심이 없으면 들리지도, 보이지도 않지만 관심이 생기면 비로소 들리고 보이기 시작합니다. 마찬가지로, 하나님의 말씀이 내게 들리지 않는 이유는 내가 관심을 두지 않기 때문입니다. 보이는 것과 들리는 것 등 관심을 둘 일이 너무나 많은

이 세상에서 주님의 세미한 음성을 듣기란 너무나 어려운 일입니다.

그래서인지 인생을 살수록 삶의 기준을 바꾸는 것이 얼마나 힘든 일인지 모릅니다. 다른 누구보다 내가 나 자신을 바꾸기가 가장 힘듭니다. 하지만 우리의 관심을 생사화복을 주관하시는 주님께 둘 때 우리의 삶은 말씀 앞에 반응하게 되어 있습니다. 그렇게 마음속에서 생각이 바뀔 때 결국 하나님의 말씀이 나의 삶을 바꿔 가게 됩니다.

또한 라오디게아 성도들은 자만심으로 가득 차 있었습니다. 주님은 "네가 말하기를 나는 부자라 부요하여 부족한 것이 없다 하나 네 곤고한 것과 가련한 것과 가난한 것과 눈먼 것과 벌거벗은 것을 알지 못하는도다"(계 3:17)라고 말씀하셨습니다. 자만심이 가득 찬 사람은 자기가 알고 있는 방식이 전부라고 생각해서 하나님의 말씀이 들려도 그 말씀대로 자신을 바꾸려고 하지 않습니다. 경험상 내 생각이 분명히 맞다면서 하나님의 말씀이 다가와도 크게 반응하지 않는 것입니다. 그리고 스스로 이 정도만 되어도 괜찮다고 생각하며 안주합니다. 남들보다 돈이 많고, 배운 것이 많고, 더 많이 존경받으면 행복한 삶을 살고 있다고 여깁니다.

하지만 주님의 시선은 전혀 다릅니다. 예수님이 말씀하신 부자의 비유를 생각해 보십시오. 어떤 부자가 농사를 잘 지어서 많은 부를 쌓았습니다. 그러고는 어느 날 자기 영혼에게 "영혼아 여러 해 쓸 물건을 많이 쌓아 두었으니 평안히 쉬고 먹고 마시고 즐거워하자"(눅 12:19)라고 이야기했습니다. 현실적으로 보면, 이제 부유해졌으니까 쉬는 것이 마땅합니다. 그런데 주님은 "어리석은 자여 오늘 밤에 네 영혼을 도로 찾으리니 그러면 네 준비한 것이 누구의 것이 되겠느냐"(눅 12:20)라고 말씀하셨습니다.

　이처럼 자만한 사람은 자기 내면을 살필 줄 모릅니다. 내 마음대로 생각하고, 내 고집대로 살아갑니다. 그들의 관심은 오직 자신에게 있을 뿐 하늘에는 전혀 무관심합니다. 내 뜻과 내 생각과 내 고집을 가지고 있으면 믿음이 보이지 않습니다. 신앙생활이 종교생활이 될 뿐입니다. 삶의 인격적인 변화 없이 신앙생활이 단지 익숙해지는 것입니다. 그런 사람에게는 생명력이 없습니다. 하나님 앞에 나를 돌이키는 은혜가 없습니다. 진리 되신 하나님의 말씀에 내 삶을 맞추는 삶이 정말 복되고 아름답습니다.

믿음을 위해
대가를 치르라

주님은 평안과 풍요 속에서 복음의 생명력을 잃은 이들에게 회복할 수 있는 방법을 말씀해 주셨습니다. 첫째, "불로 연단한 금을 사서 부요하게"(계 3:18) 하라고 하셨습니다. 고난받은 욥은 "내가 가는 길을 그가 아시나니 그가 나를 단련하신 후에는 내가 순금같이 되어 나오리라"(욥 23:10)라고 고백했습니다. 이처럼 '불로 연단한 금'은 우리의 믿음을 말합니다. 즉 믿음이 부유한 사람이 되라는 의미인 것입니다. 하나님의 하나님 되심을 알고 하나님이 나에게 어떻게 말씀하시는지에 귀 기울이고, 믿음이 부유한 사람이 되기 위해서 합당한 대가를 치르라는 말씀입니다. 진리를 붙잡기 위해서는 대가를 치러야 합니다.

둘째, "흰옷을 사서 입어 벌거벗은 수치를 보이지 않게"(계 3:18) 하라고 권하셨습니다. 이 말씀은 거룩하라는 뜻입니다. 곧 세상과 구별되라는 것입니다. 하나님은 우리에게 "너희는 거룩하라 이는 나 여호와 너희 하나님이 거룩함이니라"(레 19:2)라고 말씀하셨습니다. 그리스도인은 하나님의 자녀로서 구별된 삶을 살고, 구별된 생각을 해야 합니다.

만약 세상 사람과 똑같이 산다면, 세상의 방법대로 교회에서도 행동한다면 거룩하다고 할 수 없습니다. 보는 것이 다르고, 깨닫는 것이 다르고, 행동하는 것이 달라야 합니다. 모든 사람이 넓은 길로 간다고 따라가서는 안 됩니다. 우리는 하나님의 자녀로서, 하나님의 언약 백성으로서 다르게 살아야 합니다. 자기 아들을 죽이면서까지 우리에게 하신 약속을 지키시는 하나님이 오늘도 내 삶을 붙들고 계신다는 확신이 있는 사람은 세상 사람들과 생각하는 것이 다를 수밖에 없습니다. 같은 환경에 처해 있더라도 생각하고 행동하는 것이 다릅니다.

셋째, "안약을 사서 눈에 발라 보게"(계 3:18) 하라고 권하셨습니다. 영적인 것을 보라는 의미입니다. 현상을 넘어서 본질을 볼 줄 아는 눈, 물질을 넘어서 영적인 세계를 볼 줄 아는 눈, 현재를 넘어서 미래를 보는 눈을 가져야 한다는 것입니다. 영적 생활에서 승리하려면 영적인 눈을 떠야 합니다. 신앙이란 결국 관점의 변화입니다. 누구나 어려운 일을 만날 수 있습니다. 그때 세상 사람들은 절망을 이야기하겠지만, 신앙의 사람은 고난 너머에 있는 하나님의 뜻을 생각할 수 있어야 합니다. 그때 마음이 달라지고, 선택과 행동에 변화가 찾아옵니다.

넷째, "무릇 내가 사랑하는 자를 책망하여 징계하노니 그러므로 네가 열심을 내라 회개하라"(계 3:19)라고 권하셨습니다. 영적인 유혹을 이기기 위해 열심을 내고 회개하라는 뜻입니다. 우리가 아침마다 세수를 하는 것처럼 하나님의 말씀 앞에서 나를 돌아보라는 것입니다.

이렇게 하나님의 말씀을 따를 때 하나님이 약속하신 것은, "그와 너불어 먹고 그는 나와 더불어 먹으리라"(계 3:20)라는 것입니다. 주님과 교제하는 기쁨을 주시겠다는 의미입니다. 또한 "내가 내 보좌에 함께 앉게 하여 주기를 내가 이기고 아버지 보좌에 함께 앉은 것과 같이 하리라"(계 3:21)라고 약속하셨습니다. 왕의 식탁이 얼마나 풍성하겠습니까? 세상에서는 결코 볼 수 없는 주님의 풍성한 식탁에 우리를 초청하겠다고 말씀하신 것입니다.

비록 물고기 2마리와 보리떡 5개처럼 풍족하지 않은 광야의 삶이지만, 주님이 함께하실 때 광야의 식탁은 풍성한 잔치 자리가 됩니다. 삶이 광야와 같을지라도 믿음을 잃지 않고 살아갈 때 하나님이 우리를 풍성한 식탁에 초청해 주시는 것입니다. 새찬송가 438장 "내 영혼이 은총 입어"의 3절 가사처럼 초막이나 궁궐이나 내 주 예수 모신 곳이 그 어디나 하늘나라가 되는 이유가 여기 있습니다.

단, 조건이 있습니다. 주님의 음성을 들어야 합니다. 내 생각, 소유, 인정이라는 세상의 이야기가 아니라 주님의 음성을 듣고 반응해야 합니다. 따라서 우리는 날마다 기도를 드림으로써 오늘 내 삶의 현장에서 주님이 주시는 말씀이 무엇인지를 겸손하게 들어야 합니다. 주님의 음성을 듣고 주님을 영접할 때 주님은 우리에게 놀라운 축복과 은혜를 주실 것입니다.

주님은 오늘 우리를 향해, 이 땅의 교회를 향해 여전히 기대하고 계십니다. 그리고 지금도 주님은 우리의 삶과 교회를 붙들고 계십니다. 내 손에 쥔 것이 많고, 삶이 평안하고, 많은 사람이 인정해 준다고 해서 그 삶이 가장 행복하다고 생각해서는 안 됩니다. 영안을 통해 하나님이 주시는 축복이 무엇인지를 분별할 수 있어야 합니다.

내 것을 너무 움켜쥐고 있으면 다른 것을 붙잡을 수 없습니다. 내가 지금 정말 필요한 것을 붙들고 있는지, 붙잡지 않아도 될 것을 붙잡고 있는지 점검해 보십시오. 혹시 정말 붙잡아야 하는 하나님의 말씀을 놓치고 있는 것은 아닌지요? 나는 오늘 무엇에 반응하는 인생인지를 살펴야 합니다. 우리의 생사화복을 붙들고 계시는 주님 앞에 생각과 마음을 활짝 열어 그분의 음성을 들을 수 있기를 바랍니다. 사랑 안에서 거룩과 순수성을 지키고, 그와 동시에 "세상의 빛과 소금이 되라"는 하나님의 거룩한 소명을 놓치지 않는 것, 그것이 우리가 가야 할 길입니다.

오늘 하루 평안하기에 안도하는 것이 아니라
하나님의 뜻대로 살기에 안도하게 하옵소서.
형식적인 신앙에서 벗어나
생명력 있는 신앙으로 살게 하옵소서.

08

풍요로울 때
하나님과
멀어진다

_ 거짓과 타협하지 않기

계 2:18-3:6

평안함은
신앙의 적이다

많은 사람이 고난과 어려움이 닥칠 때 믿음을 지키기가 가장 어려울 것이라고 생각합니다. 하지만 예상 외로 믿는 사람들에게 시련과 고난은 하나님 앞으로 더 본질적으로 나갈 수 있는 기회를 제공해 줍니다. 사실 신앙을 지키기가 정말 어려운 순간은 풍요로울 때입니다. 즉 가정이 평안하고, 문제가 별로 없고, 생활하는 것도 괜찮고, 마음도 평안하고, 원하는 대로 일이 잘 풀릴 때 오히려 신앙을 떠나기가 굉장히 쉽다는 뜻입니다. 정말 많은 사람이 평안할 때 자기도 모르는 사이에 안주하면서 하나님과의 관계가 멀어집니다. 그리고 이내 믿음의 울타리마저 무너져 신앙을 떠나고 맙니다.

다윗을 생각해 보십시오. 정작 죽음의 위협을 당하던 시절에는 하나님 앞에 더 가까이 다가가 하나님과 깊이 대화했지만, 전쟁에서 승승장구하고 풍요로울 때는 눈을 뜰 때부터 잠자리에 들 때까지 죄를 범했습니다. 우리는 어떻습니까? 우리는 언제 하나님과 가장 가까이 있었습니까? 아마도 가장 어렵고 힘들었을 때일 것입니다. 저는 하나님이 저를 버리셨다고 생각하던 시기에 하나님을 가장 가까이서 만났습니다. 미국에서 목회하는 것이 너무 힘들어서 혼자 차가운 강단에서 기도하며 잠이 들곤 했습니다. "하나님, 제가 여기 와 있습니다" 하고 나지막한 목소리로 이야기하는 것조차 기도라고 여겼을 정도로 버거운 현실이었습니다. 그런데 돌아보면 그때만큼 간절하고 순수하게 주님 앞에 나아간 적이 없는 것 같습니다.

이처럼 오히려 평안함은 때로 우리에게 영적 올무가 됩니다. 소아시아 일곱 교회 중에 두아디라교회와 사데교회도 평안함 때문에 하나님과의 관계가 멀어졌습니다.

자신의 연약함을 인정하라

수님은 두아디라교회에 불꽃 같은 눈으로 살피시는 분으로 나타나셨습니다. 이 말은 주님이 교회를 어렵고 힘들게 만들고 사람들의 믿음을 떨어뜨리는 자들을 다 아시고 살펴보고 계신다는 뜻입니다. 주님은 불꽃 같은 눈으로 우리의 행위와 삶을 살피시는 분입니다. 그러므로 사람은 속여도 하나님을 속일 수는 없습니다. 또한 "그 발이 빛난 주석과 같은 하나님의 아들이 이르되"(계 2:18)라는 구절에서 볼 수 있듯이 주님은 심판주의 모습으로 나타나셨습니다. 즉 하나님이 그 공동체를 허는 사람을 아시고, 하나님의 백성을 세상 속으로 조금씩 몰아넣어 하나님으로부터 멀어지게 하는 모습을 다 보고 계신다는 의미입니다.

그래서 주님은 먼저 두아디라교회를 칭찬하셨습니다. "내가 네 사업과 사랑과 믿음과 섬김과 인내를 아노니 네 나중 행위가 처음 것보다 많도다"(계 2:19). 우리를 향한 하나님의 칭찬에 담긴 의미는 "참 잘하고 있다. 그렇게 계속하면 좋겠다. 그렇게 살면 돼"입니다. 복된 삶을 향한 주님의 가이드라인을 제공해 주시는 것입니다.

믿음에서 매우 중요한 것은 인내입니다. 하나님이 약속을 성취하시기 전에 비록 힘들고 어려운 일이 기다리고 있을지라도 하나님의 신실한 약속을 믿고 믿음으로 기다려야 합니다. 때로 세상은 "하나님의 방법은 잘못되었다"라고 하면서 우리에게 도전장을 내밉니다. 그럼에도 우리는 하나님의 약속을 붙들고 인내해야 합니다. 우리가 인내하고 있을 때 주님이 오시면 얼마나 반갑고 좋을까요? 그래서 믿음을 가진 사람에게 심판은 축복인 것입니다. 종말은 심판이 있기에 무조건 무서운 날만은 아닙니다. 진짜 믿음을 가진 사람들에게 하나님의 심판은 하나님께 우리의 삶이 인정받고 위로받는 시간입니다.

두아디라교회는 자칭 선지자라는 여자 이세벨을 용납했습니다. 이세벨은 하나님의 종들을 가르쳐 행음하게 하고 우상의 제물을 먹게 했습니다. 여기서 '이세벨'은 아합왕의 아내의 이름으로서, 교회에 들어와서 자칭 선지자라 일컬으면서 사람들이 볼 때 신앙이 좋고 영향력을 가졌던 인물을 의미합니다. 그런데 두아디라교회는 그가 잘못을 행한 줄도 모르고 유혹에 넘어갔던 것입니다. 섬김과 사랑에 앞장서는 모습을 보면서 한 번도 의심하지 않고 믿어 주었습니다. 영적으로 분별하지 못한 것입니다.

당시 로마 주변은 다 타락했습니다. 우상을 숭배하고 성적으로 타락해 있었습니다. 심지어 동성애가 거의 보편화되어 있었습니다. 그러나 그 가운데서도 그리스도인들은 정결하게 살았습니다. 그래서 로마의 높은 귀족들이 예수 믿는 사람을 며느리로 들이기 시작했습니다. 이후 그리스도인 어머니가 자녀를 가르치면서 로마의 기독교는 상류층부터 전 사회적으로 전달되었습니다. 즉 교회가 울타리가 되어 믿음 안에서 정결하고 아름다운 가정을 이룰 수 있게 되었던 것입니다. 그런데 이처럼 평안할 때 자칭 선지자의 유혹이 침입했습니다.

우리는 주로 단점이 아니라 하나님이 내게 주신 달란트, 즉 장점 때문에 죄를 짓고 넘어집니다. 사실 장점이 없으면 죄를 짓지도 못합니다. 당시에 두아디라 지역은 직물 제조나 염색이 매우 발달한 곳이었습니다. 바울이 빌립보에서 만난 자색 옷감 장사 루디아도 이곳이 고향이었습니다. 무역이 활발한 곳이니 사람들은 돈을 많이 벌었습니다. 그들은 돈을 효율적으로 많이 벌기 위해 협동조합을 만들었습니다.

장사를 하려면 이 조합에 가입해야 했습니다. 특별히 조합에 가입하면 치러야 하는 제사가 있었는데, 그 제사에는 당시 우상을 숭배할 때 자행되었던 음행이 포함되어 있었습니다. 당시 사람들은 이러한 행위를 바람을 피우거나 음란한 행위로 여기지 않고 단지 제사 의식으로 받아들였습니다. 죄의식 자체가 없었던 것입니다. 이처럼 사탄은 우리를 유혹할 때 우리의 기준을 내려놓게 합니다. 돈 벌기 위해서, 단지 문화이고 제도라는 이유로 꾀어서 우상에게 절을 하고 음란한 제사를 드리게 만듭니다. 죄는 전염성이 강하기 때문에 나도 모르게 더 부패하고 타락하게 됩니다.

그렇다면 두아디라교회가 빠진 시험에서 이길 수 있는 방법은 무엇일까요? '나는 언제나 연약해서 도전과 유혹을 받을 만한 위험에 처해 있다'는 사실을 인정하는 것입니다. '나는 신앙생활을 오래 하고 훈련을 많이 받았으니 절대 넘어지지 않아'라고 생각해선 안 됩니다. 골리앗을 쓰러뜨린 다윗조차 시험에 넘어졌습니다. 우리 중 죄에 대해 강한 사람은 아무도 없습니다.

우리는 각자 술, 도박, 성, 돈 등 약한 부분이 있습니다. 만약 그 사실을 알고 있다면 특별히 더 주의하고 살펴야 합니다. 그래야만 넘어지지 않습니다. 유혹은 진짜 같아서 좀처럼 분별하기 어렵습니다. 그런데 분명한 것은 유혹은 반드시 내 속의 탐욕과 욕심을 같이 건드린다는 사실입니다.

하나님은 두아디라교회에게 하셨듯이 죄지은 자에게 회개할 기회를 주십니다. 성경을 보면 하나님은 종종 정말 사랑하시는 자에게 회개하도록 하나님의 영을 부어 주십니다. 회개는 내가 한다고 되는 것이 아닙니다. 엘리의 아들들은 아버지의 말씀을 전혀 듣지 않았습니다. 그래서 하나님은 그들을 죽이기로 작정하셨습니다. 하나님이 작정하시면 회개하고 싶어도 회개하지 못하는 것입니다.

영적으로 둔하면 하나님이 회개할 기회를 주셔도 하나님의 경고를 받아들이지 못하고 회개하지 못합니다. 그래서 하나님은 때로 병이 들게 하시고, 사업이 망하게 하시고, 자녀를 데려가겠다고 하시는 것입니다. 저도 이명을 앓아 귀에서 끊임없이 소리가 들리니까 자꾸 하나님께 "제가 무엇을 회개하기를 원하세요? 제가 어떻게 할까요?"라고 묻게 됩니다.

인생에 원하지 않는 환난이 찾아오거든 재빨리 정신을 차리고 하나님께 여쭈십시오. "하나님, 제가 하나님 앞에 어떻게 서야 할까요? 제 삶을 어떻게 고쳐야 할까요?" 그러면서 영적으로 자신을 살펴보기 바랍니다. 때로 우리의 인내심을 기르고 믿음을 성장시키시려는 하나님의 시험일 수도 있지만, 삶에 어려움이 닥칠 때는 말씀 앞에서 자신을 살피는 자세가 가장 지혜롭습니다.

그때 하나님은 만국을 다스리는 권세를 주겠다고 말씀하셨습니다(계 2:26). 이 권세는 주님과 함께 만국을 다스리는 권세를 의미하는데, 아마도 '기도 응답'을 가리키는 듯합니다. 또한 이 권세는 세상과 나와 사탄을 이기는 권세입니다. 그리고 하나님은 새벽별을 주겠다고 하셨습니다(계 2:28). 새벽별은 예수 그리스도입니다. 하나님은 믿음을 지키는 사람을 존귀하게 여기시고 예수 그리스도와 동행하는 은혜와 축복을 주겠다고 말씀하신 것입니다.

오늘날은 얼마나 타락한 세상인지 모릅니다. 집에서 컴퓨터를 한 번만 클릭해도 우리를 자극하는 음란하고 더러운 것들이 눈앞에 밀려옵니다. 세상의 사고방식에 길들여진 사람이 교회에 와서 지도자가 될 때 교회는 세상적으로 하나님을 섬기게 됩니다. 세상에서 살아온 형식과 방법대로 교회 일을 하니까 교회가 영적으로 건강해지지 못하는 것입니다.

바로 이것이 한국 교회의 문제입니다. 육체의 근육을 키우는 법과 지성을 기르는 법이 다르듯이 영적인 영역도 분명히 다릅니다. 하나님은 기도하고, 하나님의 말씀을 보고, 자기를 돌아보는 섬김을 기뻐하십니다. 교회가 세속적인 것을 추구하면 주님과의 관계가 멀어지고 교회는 결국 타락하고 맙니다. 바로 이것이 마지막 때 교회의 모습이라고 주님도 말씀하시지 않았습니까?

아무 문제 없이 평안할수록 억지로라도 몸부림치면서 하나님께 붙들어 달라고 기도해야 합니다. 내가 오늘 예수 믿는 사람으로서 삶의 현장에서 무슨 구별함이 있는지 한번 살펴보고, 하나님이 이 시대를 향해 베푸신 회개할 기회를 놓치고 있는 것은 아닌지 생각해 보시기 바랍니다. 우리는 사회와 나라의 형편과 상황에 대해 비판하고 분노만 하는 것이 아니라 기도해야 합니다. 어려울수록, 근심이 깊어질수록 더 기도하십시오. 그리고 날마다 하나님이 주시는 말씀을 붙들고 하나님 앞에 나아가십시오.

평안과 안락은
영적 위기다

일곱 교회 중에 사데교회를 향한 경고의 말씀이 가장 강력합니다. 그리고 칭찬도 별로 없습니다. 주님은 사데교회의 장점을 먼저 말씀하시고 고칠 점을 언급하신 것이 아니라 "내가 네 행위를 아노니 네가 살았다 하는 이름은 가졌으나 죽은 자로다"(계 3:1)라고 말씀하셨습니다. 이 말씀은 곧 "너는 전혀 희망이 없는 존재다"라는 뜻이 아닙니까? 얼마나 불행한 교회입니까? 이 말씀은 정말 심각한 경고입니다.

사실 사데라는 도시는 리비아 왕국의 수도로, 지형적으로

천연의 요새를 가지고 있어서 전쟁이 많았으나 침략당하는 일이 별로 없었습니다. 어려움이 있다면 주후 17년에 큰 지진이 나서 도시가 폐허가 된 것뿐이었습니다. 염직이 발달해 굉장히 부유했습니다. 그렇다 보니 사람들이 이보다 살기 좋은 곳은 없다고 말할 정도였습니다.

그럼에도 사데교회가 죽은 교회가 될 수밖에 없었던 이유는 무엇일까요?

첫째, 사데교회는 두아디라교회처럼 편안함과 안락함 때문에 서서히 죽어 가기 시작했습니다. 물론 사데교회에는 두아디라교회처럼 이세벨과 같은 거짓 선지자가 들어오지는 않았습니다. 하지만 그들은 안락함과 평안함이 곧 유혹이자 위기라는 사실을 미처 알지 못했습니다. 그들은 영적인 감각이 둔해졌습니다. 영적인 감각이란 하나님이 보시기에 합당한 관점으로 민감하게 반응하며 대처하는 것입니다. 영적인 감각을 달리 말하면 영성이라고 할 수 있습니다. 영성이란 그리스도의 영이 우리 속에 들어와 주님이 보시는 눈으로 세상을 바라보고, 주님이 느끼시는 마음을 간직하고, 주님이 선택하시는 대상을 선택할 줄 알게 되는 것을 의미합니다. 영적인 감각이 없는 사데교회는 외형적으로는 화려하고 잘나 보였으나 실상은 껍데기뿐이었습니다.

우리의 삶은 어떻습니까? 지금 평안하다고 여기지만 주님이 보실 때는 아닐 수 있습니다. 하나님의 관점은 우리의 생각과 다릅니다. 어려움과 시련 때문에 하나님께 더 가까이 나아갈 수 있고, 더 겸손하게 나를 살필 수 있고, 내가 어떻게 살아야 할지에 대해 더 진지하게 고민할 수 있다면 그 어려움과 시련은 단순한 고통이 아닙니다. 우리의 영적인 감각을 무디게 하는 가장 핵심 요소는 평안과 안락입니다. 평안하고 안락해지면 나도 모르게 마음이 부유해지고 교만해집니다. 그러면서 일상이 축복이라고 생각하기보다 당연하게 받아들이게 됩니다. 그러면서 점점 영적으로 무디어지고, 곧 하나님이 나를 어떻게 보시는지, 하나님 앞에서 어떻게 살아야 하는지에 대한 의식이 서서히 사라지고 맙니다. 그래서 하나님은 말씀으로 깨어 있으라고 말씀하셨습니다.

만약 고민과 갈등과 걱정과 염려가 없다면 기도를 하겠습니까? 평안하면 마음이 저절로 풀어지게 되어 있습니다. 그러나 하나님이 우리의 삶의 자리를 흔드시면 기도의 자리에 나오게 됩니다. 힘들고 어려울 때 하나님 앞에 겸손하게 엎드려 "주님, 저는 죄인입니다. 주님의 도우심이 필요합니다"라고 아뢰면 아무리 큰 문제가 있더라도 걱정할 필요가 없습니다. 하나님이 우리를 훨씬 더 잘 아시고 돌보시기 때문입니다.

만일 평안한 삶 가운데 신앙이 축 처져 있다면 어쩌면 하나님께 버림을 받았거나 하나님이 벼르고 계시는 것인 줄 알아야 합니다. 어느 부모가 사랑하는 자녀가 잘못된 길을 가는데 가만두겠습니까? 사랑하면 내버려 두지 못합니다. 그래서 하나님은 어려움과 시련을 사용해 계속해서 우리를 깨우쳐 주십니다. 즉 어려움은 영적인 감각을 일깨우는 하나님의 사랑의 표현인 것입니다. 그래서 '위장된 축복'이라는 표현을 사용합니다. 하나님의 영이 우리 가운데 오셔서 우리의 눈을 열어주시고 지금 겪고 있는 어려움과 시련을 말씀으로 비추어 주시면, 현실적으로는 어렵고 힘든 상황이나 문제도 하나님이 나에게 깨달음을 주시려는 계획과 섭리 속에 있음을 깨닫게 되면서 다시 주님을 붙들고 소망 가운데 걸어갈 수 있습니다.

사데교회가 무너진 두 번째 이유는 하나님의 은혜를 잊어버려 교만해졌기 때문입니다. 하나님이 하셨다는 의식이 없으면 우리 속에 은혜가 없습니다. 우리가 노력하고 애쓰는 것도 중요합니다. 하지만 전반적으로 하나님이 가장 중요한 일을 해 주시기에 우리는 조금만 노력할 뿐입니다.

우리를 꿰뚫어 보시는 성령은 우리에게 "너는 허물과 죄로 죽었다"고 말씀하십니다. 우리가 볼 때는 인격자요, 괜찮은 사람이라 할지라도 하나님이 보시기에는 모든 사람이 똑같이 허물과 죄로 죽은 존재입니다. 그런 나를 하나님이 독생자를 보내서서 죄의 대가를 치르고 사셨습니다. 그리고 죄로 묶여 있던 나는 자유롭게 되었습니다. 그 후에 우리는 스스로 주님의 종이 되어서 주님을 섬기게 됩니다. 성경을 노력해서 믿을 수 있다면 믿지 않는 사람이 별로 없을 것입니다. 그런데 노력해서 얻을 수 있는 것이 아니라 하나님이 믿게 해 주셔서 믿어지는 것입니다. 바로 이것이 은혜입니다.

아무리 사람들이 괜찮은 사람이라고 평가할지라도 불꽃 같은 눈으로 살피시는 하나님의 관점으로는 나는 여전히 살 수 없는 존재입니다. 따라서 하나님이 나를 여전히 참고 인도해 주신다는 의식이 없으면 나의 '의'가 살아나게 되어 있습니다. 내가 잘나고 똑똑해서 이루었다며 자기 의를 내세우며 하나님의 말씀에 순종하지 않게 됩니다. 그러나 하나님의 은혜와 주권에 대한 확신이 들면 저절로 감사를 고백하게 됩니다.

하나님의 은혜를 기억하는 사람은 결코 무너지지 않습니다. 그러므로 우리 속에 늘 하나님의 은혜가 흘러갈 수 있도록 빚진 자의 마음으로 살아가십시오. 언제나 나 같은 사람에게 은혜를 베푸신 하나님을 기억하시기를 바랍니다. 빚진 자의 마음이 있으면 비록 힘들지라도 주님의 사역을 감당할 수 있다는 사실만으로도 기쁘고, 전에는 당연하게 생각했던 것들에 대해 감사하게 됩니다. 그러면 일상이 축복이 됩니다.

세상 한가운데서
신앙을 지켜라

버가모는 에베소, 서머나와 함께 소아시아에서 가장 발전한 3대 도시 중 하나로, 경제와 문화 등 여러 가지 면에서 사람들이 선호하는 도시였습니다.

특히 버가모 사람들이 자랑스럽게 여기는 3가지 유산이 있었는데, 첫 번째는 제우스 신전입니다. 버가모는 고지대에 위치해 있기에 산꼭대기마다 제우스 신전이 있었습니다. 아름다운 제우스 신전 옆에는 로마 황제를 숭배하는 신전도 함께 있었습니다. 당시 이스라엘은 로마의 속국이었기에 황제를 숭배하면 혜택을 받을 수 있었고, 그것은 곧 자랑거리였습니다. 두 번째 유산은 '아스클레피온'이라는 병원입니다. 이곳은 주전 400년부터 주후 400년까지 약 1,000년 가까이 환자를 치료했던 고대의 중요한 병원입니다. 아스클레피온의 상징은 뱀입니다. 불치병에 걸린 사람들이 그 신에게 비는 것이 자연스러운 치료의 과정이었습니다. 치료 과정 속에 이미 우상 숭배의 요소가 들어 있었던 것입니다. 세 번째 유산은 도서관입니다. 당시 20만 권의 책을 보유하고 있었으니, 버가모라는 도시가 얼마나 철학이 발달하고 지적인 분위기와 환경이 조성되어 있었는지를 짐작할 수 있습니다. 그런 도시에 버가모교회가 있었습니다.

그런데 주님은 버가모교회가 사탄의 보좌가 있는 곳에 위치했다고 말씀하셨습니다. 눈을 돌리면 신전이 보이는 그곳은 선택의 문제가 아니라 이미 생활 속에 우상 숭배와 세속적인 문화가 스며들어 있는 도시였습니다. 조금만 신앙의 끈을 놓으면 끊임없이 밀려드는 세상 문화 때문에 그리스도인으로 살기가 어렵고, 육체의 정욕을 따라가다가 신앙이 무너질 수도 있었습니다.

신앙생활이란 세상과 육체의 본능을 거슬러 사는 것을 의미합니다. 그러므로 우리에게는 결코 자연스러운 삶이 아닙니다. 우리는 내 생각과 중심대로 죄짓고 사는 것이 편한 존재입니다. 우리가 살아가는 세상도 마찬가지입니다. 주님은 버가모교회를 향해 믿음을 가질 수 없는 환경 속에 살아가면서 세상 풍조에 휩쓸려 믿음을 저버리지 않았고, 때로는 죽음의 위험이 있어도 포기하지 않고 끝까지 믿음을 지켰다며 칭찬하셨습니다.

신앙은 단순히 교회에 나가서 위로받고, 어려울 때 간구하고, 교회 문화에 익숙해지는 것을 의미하지 않습니다. 신앙을 고백한 대로 일상에서 살아야 하는 것입니다. 만나는 사람마다 "시저가 우리의 주인이다"라고 고백하는 자연스런 일상에서 "아니다. 나의 주인은 예수 그리스도이시다"라고 고백하는 일은 결코 쉽지 않습니다. 당시는 이처럼 선포하고 살아간다는 것 자체가 불가능했습니다. 그들에게 시련과 핍박은 신앙고백대로 살지 못하게 하는 매우 큰 장애물이었습니다.

반면에, 인간의 쾌락과 유익과 즐거움도 우리를 믿음으로 살지 못하게 하는 중요한 요인입니다. 사실 어려울 때보다는 편안하고 생활이 안정적일 때 예수님을 믿기가 더 힘듭니다. 어려울 때는 저절로 기도하게 되고 하나님 앞에 겸손해집니다. 그러나 상황이 조금만 달라지면 인간은 교만해집니다.

그러면 버가모교회는 어떻게 신앙고백 한 대로 살 수 있었을까요? 요한계시록 2장 12절에 첫 번째 답이 나옵니다. "버가모교회의 사자에게 편지하라 좌우에 날 선 검을 가지신 이가 이르시되." 버가모교회에 주님은 좌우에 날 선 검을 들고 나타나셨습니다. 이러한 모습은 버가모 성도들의 신앙생활과 관련되어 있습니다. 날 선 검 하면 가장 먼저 생각나는 것은 말씀의 검입니다. 그들은 신앙을 지키기 위해 성령의 검, 말씀의 검을 붙잡고 살았던 것입니다.

오늘날 우리는 어떻습니까? 하나님의 말씀을 붙들고 주님과 대화하면서 살지 않아서 신앙이 죽어 가고 있습니다. 화석처럼 껍데기는 남아 있는데 그 속에 생명력이 없고, 생각하는 것이 전부 세상적입니다. 그렇게 살다 보면 우리는 세상을 이기는 것이 아니라 세상에 휩쓸려 가게 됩니다. 환경에 떠밀려 사람들의 말에 영향을 받고, 때로는 자기의 신념대로 살아갈 수밖에 없습니다.

그리고 여기서 '검'은 또 다른 의미로 해석할 수 있습니다. 요한계시록에 나오는 검은 심판하시는 주님을 의미합니다. 이처럼 버가모 성도들이 신앙을 지킬 수 있었던 두 번째 이유는 하나님이 그들의 삶을 심판하신다는 심판에 대한 의식이 늘 그들 속에 있었기 때문입니다. 우리도 주님의 심판을 기억하면 선택하는 기준이 달라질 것입니다. 우리는 청지기로 세상을 살아갑니다. 모든 것이 내 것이라고 여기며 살다가, 어느 날 주님이 원하시는 시간에 원하시는 모습으로 전부 회수해 가신다면 어떻게 하겠습니까? 그때는 우리의 생명도 주님 앞에 갈 수밖에 없습니다.

한 가지 문제는, 내 기준과 익숙한 생각을 심판의 기준으로 착각하는 것입니다. 주님은 양과 염소의 비유를 말씀해 주셨습니다. 염소들은 하나님 앞에서 자기가 한 일을 다 나열했습니다. 그러나 정작 주님은 그들을 향해 "저주를 받은 자들아 나를 떠나 마귀와 그 사자들을 위하여 예비된 영원한 불에 들어가라"(마 25:41)라고 말씀하셨습니다. 그 이유는 주님과 우리의 기준이 다르기 때문입니다. 또한 한 달란트 받은 종이 책망을 받고 쫓겨나 슬퍼하며 이를 갈게 된 이유는 그가 주인이 어떤 사람인지를 몰랐기 때문이었습니다(마 25:30).

우리의 삶에 주어진 모든 것이 다 유익한 것은 아닙니다. 그러므로 우리는 심판자이신 주님이 나를 옳다고 인정해 주실지에 대해 거룩한 두려움을 가져야 합니다. 이 땅에서의 삶이 잠깐이라면, 영원한 삶을 위해 오늘 내가 선택해야 할 것이 무엇인지 생각해 보십시오. 내 삶의 깊은 곳까지 꿰뚫어 보시는 주님이 나를 어떻게 보실지 떠올려 보십시오. 그러면 결코 쉽게 살 수 없습니다. 오늘, 지금 당장 선택하는 방향이 달라질 수밖에 없습니다. 또한 선택의 결론을 생각한다면 내가 살아가는 모습이 분명 달라질 것입니다.

마지막으로, 버가모 성도들이 신앙을 지킬 수 있었던 중요한 이유는 주님의 충성된 증인인 안디바 같은 사람이 있었기 때문입니다. 삶은 누구를 바라보느냐에 따라 달라집니다. 만약 주변에 좋은 신앙인이 있다면 우리는 그를 보면서 믿음의 도전을 받을 수 있습니다.

    말과 행동만 봐도 그 신앙을 닮고 싶은 사람이 있습니다. 이처럼 신앙의 본보기가 되는 사람이 있는 공동체는 자연스럽게 살아나게 되어 있습니다. 반대로, 만나면 하나님 나라에 대한 소망이 아니라 세상 이야기로 떠들썩한 사람이 있는 공동체는 신앙이 자라기 어렵습니다.

    초대교회를 어렵게 만든 이단이 있었는데, 바로 니골라당입니다. 니골라당은 크게 두 가지로 볼 수 있는데, 하나는 율법주의이고, 다른 하나는 우리가 이미 믿음으로 구원을 받았으니 율법을 지킬 필요가 없다는 율법폐기론으로 양극단에 치우쳤습니다. 후자의 사람들은 세상과 타협하면서 살아갔습니다. 결국 내 편의를 따라 내가 원하는 삶을 추구했던 것입니다. 그러다 보면 양이 넘어지듯 어느 순간 넘어져 스스로 일어나지 못합니다.

    양은 뒤집어지면 혼자서는 일어나지 못해 목자가 다니면서 끊임없이 일으켜 세워 줘야 한다고 합니다. 그런데 양이 넘어지는 이유는 너무 단순합니다. 첫째, 좀 편하게 누워 보려고 약간 움푹 들어간 데 누우려다가 뒤집어집니다. 편하게 살다가 시험에 드는 꼴입니다. 둘째, 양털에 배설물을 비롯해 지저분한 오물이 많이 묻으면 무게를 견디지 못하고 뒤집어집니다.

그래서 목자가 양털을 깎아 주고 웅덩이를 메꾸는 것입니다.

신앙이 흔들리지 않고 버가모교회처럼 주님께 칭찬받는 교회가 되기 위해서는 말씀을 붙들고, 하나님의 심판대 앞에 반드시 서게 된다는 의식을 가지고 살아야 합니다. '오늘 나는 어떻게 살아갈 것인가?'를 고민하면서 이 어려운 시대에 아름다운 신앙인으로 살아가기를 바랍니다.

하나님 앞에 서게 될 날을 기억하며
하루하루 거룩한 삶을 살게 하옵소서.
세상 속에서 하나님의 의를 따르며
풍성한 기쁨과 사랑을 누리게 하옵소서.

2부

누구나
회복하고 싶지만
주님과 함께라야
성공한다

회복의 순간을
지속적으로 살아내는
영적 원리

01

신앙이
상황을
반전시킨다

_ 믿음으로 다시 보기

왕상 18:30-40

인생에

영적 가뭄이 들 때

신앙은 지금 처한 상황이 빛 하나 보이지 않을 정도로 캄캄할지라도 현실을 넘어 하나님의 관점에서 삶을 바라보고 살아나갈 수 있는 힘입니다. 신앙은 두 가지 요소가 있어야 성립됩니다. 믿음의 대상과 믿음의 내용입니다. 믿음의 대상은 하나님이시고, 믿음의 내용은 '하나님이 독생자 예수 그리스도를 보내 우리의 죄를 사해 주시고, 예수님이 부활, 승천하셔서 다시 오신다는 것이며, 주님이 보내신 성령이 지금도 나와 동행하시고 내 삶의 주인이 되어 주신다'는 사실입니다.

    믿음의 내용이 마음속에 들어오면 3가지가 달라집니다.

첫째로, 나 자신에 대한 관점입니다. 인간은 자신이 남보다 더 많이 갖고 있고 우월한 면이 있으면 그 모습이 곧 자기 자신인 줄 착각합니다. 그러나 신앙의 눈으로 나를 보면 죄와 허물로 죽을 수밖에 없는 존재, 선한 것 하나 없는 죄인임을 깨닫게 됩니다. 그런 나를 위해 독생자를 보내 죄를 사해 주시고 자녀로 삼아 주신 하나님의 놀라운 은혜를 경험하면 하나님과 사람 앞에서 겸손할 수밖에 없습니다.

나 자신에 대한 관점이 달라지면 둘째로, 세상을 보는 관점, 즉 세계관이 자연히 달라집니다. 사람들은 돈이나 권력이 세상을 움직인다고 생각합니다. 그래서 돈과 권력을 쟁취하기 위해 희생을 마다하지 않습니다. 그러나 신앙의 눈으로 세상을 보는 사람들은 하나님이 배후에서 역사를 움직이고 계신다는 사실을 깨닫습니다. 그렇다 보니 이전에는 어렵고 힘들면 돈과 물질, 권력에게로 갔는데, 이제는 하나님께로 향합니다.

셋째로, 가치관이 달라집니다. 가치관이란 삶의 우선순위를 말합니다. 이전에는 내 꿈이 중요하고, 내 사업이 중요하고, 내가 사랑하는 것이 중요하고, 내가 옳다고 생각하는 신념이 중요했습니다. 그러나 이제 하나님의 나라와 그분의 의를 구하는 것이 인생의 가장 우선순위가 됩니다. 무엇이 중요한지를 알고 마음이 확고해지면 모든 일의 순서가 정해집니다.

하지만 우리의 가치관이 변했다 하더라도 우리가 살아가는 세상은 타락한 모습 그대로입니다. 이 세상에서는 하나님을 예배하고 말씀대로 살고자 하는 마음이 자연스럽게 생기지가 않습니다. 세상에서 살다 보면 내 안에 이기적이고 자기중심적인 생각이 계속 들어오기 때문입니다. 이러한 삶의 태도를 많은 사람이 공유하고 만들어 나간 것이 문화입니다. 곧 세상 문화의 모습입니다.

거짓과 불신이 난무하는 세상에서 사람들은 멸망의 길로 갈 수밖에 없습니다. 혼란스러운 세상에서 우리가 붙들어야 할 진리는 분명합니다. 하나님이 살아 계시고, 그분이 나를 사랑하셔서 독생자 예수 그리스도를 통해 구원하셨다는 것입니다. 그 믿음을 통해 바뀐 내가 만들어 가는 삶이 곧 믿음의 삶입니다.

그러면 무엇이 달라질까요? 시간을 사용하는 것, 물질을 쓰는 방향이 달라집니다. 이전에는 나를 위해 썼다면 이제는 하나님이 영광 받으시는 일에 내 자원을 씁니다. 그리고 그렇게 사는 그리스도인들이 만들어 가는 것이 바로 '기독교 문화'입니다. '기독교 문화'라는 말은 거창하게 들리지만, 결국은 신앙생활을 의미합니다. 신앙생활에 충실한 사람은 절망 속에 있다 할지라도 그 상황을 넘어 하나님이 원하시고 기뻐하시는 삶을 만들어 갈 수 있습니다. 그러니 신앙으로 사는 사람은 삶의 목표도, 방식도 다를 수밖에 없습니다.

본문인 열왕기상 18장의 사건이 일어난 당시, 이스라엘에 3년 6개월간 기나긴 가뭄이 있었습니다. 하지만 하나님은 엘리야를 통해 해갈할 수 있는 방법을 알려 주셨습니다. 과연 이스라엘 백성은 어떻게 가뭄에서 벗어날 수 있었을까요? 이를 통해 인생에 가뭄이 들 때 신앙으로 사는 우리가 우선순위를 세워야 할 영적 원리는 무엇인지 구체적으로 살펴보고자 합니다.

신앙을 위한
노력과 선택

첫째, 노력과 선택이 필요합니다. 하나님은 이스라엘 땅에 3년 6개월간 비를 내리지 않으셨습니다. 하지만 하나님은 그들을 바로 징계하지 않으시고 기다려 주셨습니다. 3년 6개월이라는 시간은 징계의 기간이었지만, 동시에 죄를 지은 이스라엘 백성이 하나님께 돌아오기를 바라시는 하나님의 기다림의 시간이기도 했습니다. 하나님은 그들에게 돌이킬 수 있는 기회를 베풀어 주신 것입니다. 이처럼 다시 시작할 수 있는 힘은 우리 안에 있지 않습니다. 하나님이 기회를 주셔야 합니다.

자연의 순리대로 자고 일어나서 새날을 맞이하는 것은 다시 시작하는 것이 아닙니다. 이전과는 삶이 달라져야 비로소 진짜 새날을 맞이하는 것입니다. 그래서 신앙생활의 궁극적인 목표는 인생의 초점을 하나님 나라에 두고, 이 땅에서 주님의 성품을 닮은 모습으로 삶이 변해 가는 것입니다.

성경에는 우리가 맺어야 할 두 가지 열매가 나옵니다. 인격의 열매와 전도의 열매입니다. 예수님을 오래 믿어도 삶을 바라보는 관점이나 태도에 변화가 없다면, 단지 신앙생활에만 익숙해진 것일 뿐 그 속에 생명이 있다고 할 수 없습니다. 그렇기에 우리는 하나님 나라에 초점을 두고, 주님의 성품을 닮은 모습으로 성숙해 가야 합니다. 열매를 풍성히 맺기 위해서는 포도나무이신 예수 그리스도 안에 거해야 합니다(요 15:5).

이스라엘 백성이 가나안 땅에 입성했을 때 하나님은 그들에게 그 땅을 정복하라고 말씀하셨습니다. 그런데 오랫동안 유목 생활을 하던 이스라엘 백성이 가나안 땅에 정착해 보니 상황이 좀 달라졌습니다. 가나안 땅의 원주민들은 친절했고, 정착 생활을 하는 법을 알려 주어 꽤 도움이 되었습니다. 따라서 이스라엘 백성은 그들을 섬멸하지 않고 적당히 타협하며 더불어 살아갔습니다. 하나님의 말씀을 온전히 순종하지 않은 것입니다.

　그런데 시간이 지나면서 그들은 점점 이스라엘 백성을 괴롭혔습니다. 결국 어떻게 되었습니까? 하나님의 말씀대로 살 때는 힘 있고, 능력 있고, 기쁘게 살아갔지만, 하나님의 말씀을 떠나 자기 생각에 기쁘고 옳다고 여겨지는 대로 살아가자 시련과 환난이 찾아왔고 결국 타 민족의 지배를 받게 되었습니다.

　우리는 신앙생활을 할 때 초점과 확신을 분명히 해야 합니다. 세상의 문화를 따라가지 말고 세상을 이겨 나가야 합니다. 세상 한가운데서 하나님의 의를 추구하고 세워 나가야 합니다. 바로 이것이 우리가 이 시대에 감당해야 할 사명입니다. 하지만 이스라엘 백성은 사명을 감당하지 못했습니다. 환경과 여건에 따라, 자기에게 익숙한 대로 살아갔기에 하나님으로부터 멀어지고 말았습니다.

　하나님께 붙어 있습니까, 아니면 멀어지고 있습니까? 지금 나의 영적 상태를 점검해 보십시오. 그리고 하나님께 붙어 있기 위해 의지적으로 노력하십시오. 그와 더불어 성령의 도우심을 구하십시오. "하나님, 제가 하나님의 말씀대로 살겠습니다. 제 인생의 기준은 말씀입니다. 하나님의 말씀이 내 발에 등이고 내 길의 빛이 됩니다"라고 고백하십시오. 우리는 하나님의 말씀을 따라야 합니다. 말씀에 비추어 무엇이 진리인지,

어느 길이 내가 가야 할 길인지를 선택하며 살아야 하는 것입니다.

때로 신앙생활이 고달프게 느껴지는 순간이 찾아올 수 있습니다. 하지만 성령이 우리를 도우시니 염려 없습니다. 우리는 세상이 주지 못하는 기쁨과 평강을 맛보는 사람들이 아닙니까? 험한 세상 가운데 낙담하지 않고 참 소망을 품고 믿음의 길을 묵묵히 걸어가는 것이 진정한 신앙생활입니다.

지도자를 위한
중보기도

둘째, 인생에 가뭄이 들 때 지도자를 위해 기도해야 합니다. 하나님이 그 땅에 극심한 가뭄과 기근이 들게 하신 가장 결정적인 이유는 이스라엘의 왕 중에서 가장 악한 지도자인 아합의 타락 때문이었습니다. 그는 "그의 이전의 모든 사람보다 여호와 보시기에 악을 더욱 행"(왕상 16:30)한 왕이었습니다. 아합은 철저한 바알 숭배자였던 아내 이세벨을 따라 여호와 하나님을 완전히 버리고 바알을 숭배했습니다. 그의 모든 행위는 여호와의 진노를 일으켰습니다. 결국 아합과 이세벨이라는 지도자의 타락은 이스라엘 백성 전체를 곤경에 빠뜨리는 결과를 낳았습니다.

이처럼 지도자 한 사람이 미치는 영향력은 대단히 중요합니다. 교회 공동체뿐만 아니라 회사나 단체에서도 지도자 한 사람이 어떤 가치관을 품고 있느냐에 따라 공동체가 추구하는 방향이 달라지는 것을 볼 수 있습니다. 특히 지도자의 타락은 크든 작든 그가 속한 공동체에 심각한 악영향을 미칩니다. 사탄의 전략 중에서 최소한의 노력으로 최대한의 효과를 내는 공격은 공동체를 이끌고 있는 지도자를 치는 것입니다.

그러므로 인생에 가뭄이 들 때 우리는 우리가 속한 공동체의 지도자를 위해 기도해야 합니다. 그 자리에서 거룩한 힘과 거룩한 영향력을 나타낼 수 있도록, 그리고 하나님을 더욱 사랑하는 한 사람이 되도록 기도해야 합니다. 내가 속한 공동체의 지도자를 위해 기도하는 이유는 사실 나의 영적인 상태와 밀접한 관계가 있기 때문입니다. 성도들은 기도하고, 앞장선 장수들은 전쟁을 치르는 것이 바로 영적인 연합입니다. 성도 한 사람, 한 사람이 기도함으로 지도자 모세의 팔이 되어 줌으로써 전쟁의 현장 가운데 있는 이들이 승리하도록 돕는 것은 우리에게 꼭 필요한 영적 전략입니다.

예배의 단을 수축하라

셋째, 예배의 단을 수축해야 합니다. 이스라엘 백성이 엘리야 선지자를 통해 회복될 수 있었던 중요한 이유 중 하나는 예배하는 현장에 있었기 때문입니다. 본문인 열왕기상 18장 30절을 보면, 엘리야가 "내게로 가까이 오라"고 말하자 백성이 다 그에게 가까이 가서 무너진 여호와의 제단을 수축했다고 기록되어 있습니다. 이처럼 어려움을 당했을 때는 무엇보다 예배의 단을 쌓아야 합니다. 그러면 하나님이 매우 기뻐하십니다. 내 삶과 우리 가정에 무너진 것이 무엇인지 모를 수 있습니다. 그때 예배의 단을 쌓으십시오. 우리의 문제를 풀어 가실 수 있는 유일한 분은 바로 하나님이십니다.

우리는 하나님 앞에 문제를 들고 나가 기도함으로 하나님의 응답을 들어야 합니다. 엘리야는 하나님 앞에 엎드려 기도했습니다. 본문을 보면 그가 저녁 소제 드릴 때 나가서 기도했다고 말합니다. "저녁 소제 드릴 때에 이르러 선지자 엘리야가 나아가서 말하되 아브라함과 이삭과 이스라엘의 하나님 여호와여 주께서 이스라엘 중에서 하나님이신 것과 내가 주의 종인 것과 내가 주의 말씀대로 이 모든 일을 행하는 것을 오늘 알게 하옵소서"(왕상 18:36).

예배의 단을 수축한 후 엘리야는 바알의 선지자들을 잡아 하나도 도망하지 못하게 했고, 기손 시내에서 모두 죽이라고 명했습니다. 이 일은 거룩한 행위로, 내 속에 하나님이 기뻐하시지 않는 삶을 모두 제거하는 일입니다. 하나님이 기뻐하시는 일입니다.

출애굽기 33장 5절에서 하나님은 모세를 통해 이스라엘 백성에게 "너희는 목이 곧은 백성인즉 내가 한순간이라도 너희 가운데에 이르면 너희를 진멸하리니 너희는 장신구를 떼어 내라 그리하면 내가 너희에게 어떻게 할 것인지 정하겠노라"라고 말씀하셨습니다. 우리 속에 우리를 높이고 아름답게 만드는 장신구, 내가 좋아하고 기뻐하는 장신구를 떼어 버리라는 뜻입니다. 내가 가진 모든 화려한 장식을 떼어 내야 하나님이 응답하시고 역사하실 수 있기 때문입니다. 내 것을 여전히 가지고 있으면 하나님의 응답을 받을 수 없습니다. 우리는 하나님이 주신 것을 받아야 하는 것입니다.

지금까지 버리지 못한 채 간직하고 있는 좋지 않은 습관이 있습니까? 모두 버리고 지워 버리십시오. 우리의 힘만으로는 불가능합니다. 성령의 도우심을 구하며 노력해야 합니다. 그때 하나님이 우리의 기도에 응답하십니다. 야곱은 창세기

35장 3절에서 가족들을 향해 이렇게 말했습니다. "우리가 일어나 벧엘로 올라가자 내 환난 날에 내게 응답하시며 내가 가는 길에서 나와 함께하신 하나님께 내가 거기서 제단을 쌓으려 하노라." 그러자 그들은 자기 손에 있는 모든 이방 신상들과 자기 귀에 있는 귀고리들을 야곱에게 주었습니다. 야곱은 그것들을 세겜 근처 상수리나무 아래에 묻었습니다. 야곱은 하나님을 믿으면서도 우상을 가지고 다녔습니다. 하지만 예배를 드리러 벧엘로 올라갈 때는 모두 땅에 묻어 버렸습니다.

오늘 내가 하나님의 사람으로 살며 하나님의 응답을 기다릴 때 버려야 할 장신구가 무엇인지 생각해 보십시오. 하나님보다 나 자신을 기쁘고 즐겁게 해 주는 취미나 물건이 있습니까? 모두 제거하십시오. 내 안에서 나를 화려하게 장식해 주는 장신구들을 제거할 때 하나님이 응답하실 것입니다. 인생의 가뭄 속에서 우리의 기도에 응답해 비를 내리심으로 우리와 함께하실 것입니다. 그때 우리는 하나님과의 관계가 새롭게 회복되고, 하나님이 주시는 복을 누릴 수 있습니다.

인생에 가뭄이 닥쳤을 때 우리는 하나님 앞에서 무엇을 잘못했는지 영적인 관점에서 내면을 살펴야 합니다. 하나님이 하나뿐인 아들의 죽음으로 우리를 사셨는데 우리에게 우연한 일이 있겠습니까? 우리는 적은 돈을 투자해서 주식을 사고

나면 모든 관심을 주가에 쏟아붓습니다. 하물며 하나님은 아들로 우리를 사셨으니 우리에게 얼마나 관심이 많으시겠습니까? 그러므로 나에게 일어나는 일은 결코 우연일 수 없습니다. 하나님은 우리의 일거수일투족을 관심 있게 지켜보십니다. 따라서 우리는 모든 일을 영적으로 살피는 지혜를 가져야 합니다. 내 삶에서 무엇이 문제인지를 점검하고, 무너진 부분을 수축해 나가야 합니다. 그렇게 하나님과의 관계가 새롭게 회복되어 하나님이 주시는 충만한 복을 누리는 우리가 되기를 바랍니다.

우리에게는 인생의 문제를 풀어갈

지혜가 없음을 고백합니다.

내 방법이 아닌 주님의 방법에

온전히 순종하게 하옵소서.

02

인생의 주인이
누구인지
아는 것이
시작이다

_ 주권 돌려 드리기

출 32:1-6

언약과 성취 사이의 시간

출애굽한 이스라엘 백성은 하나님의 인도하심을 따라 순적하게 이동하다가 시내 광야에 머물렀습니다. 그곳에서 하나님은 이스라엘 백성과 언약을 맺으셨습니다. "내가 애굽 사람에게 어떻게 행하였음과 내가 어떻게 독수리 날개로 너희를 업어 내게로 인도하였음을 너희가 보았느니라 세계가 다 내게 속하였나니 너희가 내 말을 잘 듣고 내 언약을 지키면 너희는 모든 민족 중에서 내 소유가 되겠고 너희가 내게 대하여 제사장 나라가 되며 거룩한 백성이 되리라"(출 19:4-6).

하나님의 말씀은 이스라엘 백성에게 생생하게 와 닿았을

것입니다. 아마도 열 번의 재앙을 통해서 바로를 꺾으신 일, 홍해의 아슬아슬했던 장면들이 떠올랐을 것입니다. 게다가 지금도 구름 기둥과 불 기둥으로 인도해 주시는 기적 같은 현실 가운데 처해 있었기 때문입니다. 하나님은 이처럼 이스라엘 백성을 독수리 날개로 업어서 인도해 주셨습니다. 그 하나님이 언약을 제안하신 것입니다. 당시 언약 의식은 동물들을 반으로 갈라놓고 그 사이를 지나가면서 치러졌습니다. 누구든지 언약을 어기면 죽는다는 의미를 지닌 행위였습니다.

당시 이스라엘 백성에게는 애굽에서의 오랜 노예 생활로 인해 노예의 자아관, 노예의 가치관, 노예의 세계관이 가득했습니다. 따라서 말로만 하나님의 백성일 뿐 속 모습은 여전히 노예였습니다. 그들은 노예의 눈으로 세상을 바라보았습니다. 노예의 삶이 몸에 배어 있었던 것입니다. 사실 이스라엘이 출애굽해 가나안에 도착하는 데는 보름이면 족했습니다. 하지만 그들은 광야에서 40년 동안이나 머물렀습니다. 그 이유는 노예근성에 사로잡힌 이스라엘 백성에게 광야 훈련이 필요했기 때문입니다. 그들의 마음과 삶 속에 박여 있는 애굽의 요소를 뽑아내는 데 40년이라는 시간이 걸린 것입니다.

예수님을 처음 믿는 성도들은 신앙생활 하기가 참 어렵습니다. 이전의 생활방식과 관습이 깊숙이 배어 있기 때문입니다. 하나님은 그들이 다시 예수 믿기 이전으로 돌아가지 않도록 특별히 이적과 기적과 기도 응답 체험을 많이 주십니다. '예수를 믿는 삶은 지금까지 믿고 살아온 가치관과는 정말 다르구나' 하며 하나님의 인도하심을 깨닫게 하시려는 것입니다.

당시 하나님은 이스라엘 백성이 하나님의 백성답게 사는 삶의 원칙을 가르쳐 주시기 위해 모세를 부르셨습니다. 지금까지 노예로 살았고, 이제는 유목민으로서 광야를 방랑하겠지만 그들이 하나님의 백성답게 살기를 바라셨기 때문입니다.

이스라엘 백성은 하나님이 세우신 모세를 지도자로 인정하고 따랐습니다. 그런데 예상치 못한 문제가 생겼습니다. 모세가 하나님을 뵙기 위해 시내산에 올라가서는 내려오지를 않는 것입니다. 불안한 이스라엘 백성은 광야에서 오래 기다릴 수가 없었습니다. 자기들이 정한 시간이 있었고, 기다리는 데 시간을 낭비하기 싫었던 것입니다.

우리 역시 어떤 문제가 생기면 기한을 정해 둡니다. 언제쯤이면 그 문제가 해결되어야 한다는 기대를 갖고 있습니다. 어떤 식으로 이루어지면 좋겠다는 나름의 해답도 손에 쥐고 있습니다. 그런데 때로 하나님은 그 시간을 넘겨 버리십니다. 우리가 예상한 시간과 전혀 다른 시간, 곧 광야 훈련 기간이 바로 그것입니다. 하나님이 내 주관과 사상, 판단, 신념이 아니라 오직 하나님의 말씀을 따라 사는 훈련을 시키시는 것입니다. 이러한 이유로 믿음에서 굉장히 중요한 요소 중 하나는 기다림입니다.

하나님의 언약과 성취 사이에서 기다림이라는 훈련을 통과하기란 정말 힘듭니다. 지금 주어진 증거라고는 아무것도 없고 오직 하나님의 약속뿐입니다. 하나님의 말씀밖에 없는데 믿음으로 기다려야 한다니, 그 자체로 얼마나 어려운지 모릅니다. 기다림이라는 훈련에 실패한 이스라엘 백성은 아론을 찾아가 따지면서 요청했습니다. "우리를 위하여 우리를 인도할 신을 만들라 이 모세 곧 우리를 애굽 땅에서 인도하여 낸 사람은 어찌 되었는지 알지 못함이니라"(출 32:1).

그러자 하나님을 많이 경험한 아론조차도 이전에 생활하던 애굽의 방식을 생각해 내고 말았습니다. 아론은 백성에게 금 고리를 빼어 가져오라고 했고, 금 고리를 부어서 조각칼로 새겨 송아지 형상을 만들고는 "이스라엘아 이는 너희를 애굽 땅에서 인도하여 낸 너희의 신이로다"(출 32:4)라고 말했습니다. 또한 아론은 금송아지 앞에 제단을 쌓고는 "내일은 여호와의 절일이니라"(출 32:5) 하고 공포했습니다. 이튿날이 되자 이스라엘 백성은 일찍 일어나 번제를 드리며 화목제를 드리고 앉아서 먹고 마시며 일어나서 뛰놀았습니다.

이스라엘 백성처럼 우리의 신앙 여정에서도 한순간 길을 잃어버릴 수 있습니다. 신앙생활을 오래 했어도 유혹이 오면 단번에 넘어질 수 있는 것이 인간의 연약함입니다. 우리는 하나님을 섬기지 않으면 하나님이 주신 축복으로 우상을 섬길 수밖에 없는 존재라는 사실을 잊어서는 안 됩니다. 그렇다면 우리가 우상을 섬기지 않으려면 어떻게 해야 할까요?

하나님이 주신 축복으로 하나님을 섬겨라

첫째, 우상을 섬기지 않으려면 하나님이 주신 축복으로 계속 하나님을 섬겨야 합니다. 우리는 존재 자체가 죄인이기에 죄를 지을 수밖에 없습니다. 우리에게는 죄를 짓지 않을 능력이 없습니다. 그런데 하나님은 그런 우리를 하나님의 자녀로 삼으셨으며, 우리에게 놀라운 선물을 주셨습니다. 가족, 물질, 지식 등 헤아릴 수 없이 많습니다. 그런 우리가 마땅히 보여야 하는 태도는 하나님이 주신 놀라운 선물을 하나님을 향한 영광의 통로가 되도록 끊임없이 하나님께 올려 드리는 것입니다. 그렇지 않으면 하나님이 주신 축복이 오히려 하나님을 대적하고 교만해지는 통로와 도구가 될 수 있습니다. 지식을 선물로 받은 사람은 지식으로 끊임없이 하나님을 섬겨야 하고, 물질을 선물로 받은 사람은 물질로 계속해서 하나님을 섬겨야 하고, 건강을 선물로 받은 사람은 건강으로 쉬지 않고 하나님을 섬겨야 합니다.

우리의 삶을 돌아보십시오. 하나님이 주신 남다른 은혜가 있을 것입니다. 그 은혜를 하나님을 섬기고 사랑하는 일로써 하나님께 돌려 드리십시오. 그렇지 않으면 우리는 그 은혜로 죄를 지을 수밖에 없습니다. 돈과 지식은 있는데 마음속에 하나님을 섬긴다는 의식이 없는 사람이 얼마나 무서운지 모릅니다. 우리는 자신이 어떤 존재인지를 바로 깨달아 성령의 도우심을 요청해야 합니다. 하나님이 주신 소중한 선물이 주님께 영광 돌리는 통로로 사용되게 하시고, 주님의 뜻을 이루고 하나님 나라를 확장하는 데 쓰일 수 있도록 내 삶을 붙들어 달라고 간구해야 합니다.

하나님이
인생의 주인이시다

하나님이 아닌 우상을 숭배하는 죄를 짓지 않기 위해서는 둘째로, 인생의 주인이 누구인지를 깨달아야 합니다. 인간은 항상 자기가 인생의 주인이 되고 싶어 합니다. 즉 스스로 하나님이 되고 싶어 합니다. 그래서 내 방법과 생각대로 판단하고, 결정하고, 선택합니다. 이것이 가장 근본적인 인간의 죄입니다.

이스라엘 백성에게는 '모세가 지금쯤 내려와야 하는데?' 하며 스스로 정해 놓은 기한과 방법이 있었습니다. 우리도 어떤 일에 대해서 기한과 방법을 정해 놓는 경우가 많습니다. 우리가 기도한 후 하나님이 응답하시지 않는다며 불평하고 원망하는 이유가 무엇입니까? 내 속에 내가 원하는 응답의 형태를 정해 놓았기 때문입니다.

결국 이스라엘 백성이 우상을 숭배하는 큰 죄를 지은 이유는 자기가 인생의 주인이라는 생각해서 기인한 것입니다. 만약 그들이 하나님께 순종하며 나아갔다면 모세가 언제, 어떤 방법으로 오든 전혀 중요하지 않았을 것입니다. 그들이 변함없으신 하나님의 약속을 믿었다면, 그들을 애굽 땅에서 구해 내어 광야에서 죽지 않도록 인도하실 하나님을 신뢰했다면 이후의 일들을 전부 하나님께 맡겼을 것입니다. 그러므로 광야 길에서 길을 잃지 않기 위해 우리가 해야 할 일은 말씀으로 돌아가는 것밖에는 없습니다.

그동안 살면서 내 신념대로 선택해서 후회한 적이 혹시 있는지 한번 돌아보십시오. 제 삶을 돌이켜 보면, 말씀에 의지하고 기도해서 결정한 것 외에는 유익한 것이 별로 없습니다. 결국 '내 고집대로 되는 것이 아니구나' 하고 깨닫게 되었습니다. 바울도 "하나님 아는 것을 대적하여 높아진 것을 다 무너뜨리고 모든 생각을 사로잡아 그리스도에게 복종하게 하니"(고후 10:5)라고 고백했습니다. 또한 시편 기자도 "주의 말씀은 내 발에 등이요 내 길에 빛이니이다"(시 119:105)라고 하며 발걸음을 하나씩 내디딜 때 오늘 내가 디뎌야 할 곳인지 아닌지를 말씀으로 살피겠다고 말했습니다.

우리는 사람이 아니라 하나님 앞에서 살아야 합니다. 우리의 심판자는 하나님이십니다. 그러므로 우리는 삶의 초점을 하나님께 맞춰야 합니다. 계속해서 하나님의 말씀으로 돌아가지 않으면 우리의 마음속에서 하나님이 되고 싶어 하는 욕망과 욕구가 끊임없이 올라와 육체의 열매를 맺으면서 살아갈 수밖에 없습니다.

자녀들을 미워해서 야단치는 부모가 어디 있겠습니까? 그럼에도 자녀 입장에서는 자기를 혼내는 부모를 원망하는 경우가 종종 있습니다. 사실 부모가 훈계하고 야단도 쳤기에 그만큼 바르게 자란 것인데 자녀는 그 사실을 잘 모르는 것입니다. 만약 자녀가 부모 말을 듣지 않고 자기 마음대로 산다면 아마도 성인이 되어서는 엉망인 삶을 살게 될 것입니다.

우리의 삶이 이와 같다는 생각이 듭니다. '나는 내 인생의 주인이 아니구나. 내가 다 아는 것처럼, 잘 사는 것처럼 보이지만 인생의 마지막에 과거를 돌아보며 잘못 살았다는 생각이 들면 어떻게 할까?' 이런 질문이 가끔 듭니다. 우리 주변에 잘 살아 놓고 추하게 마무리하는 인생이 얼마나 많은지 모릅니다. 우리는 살아온 대로 죽게 됩니다. 그러므로 잘 살다가 잘 죽기 위해서는 내가 인생의 주인이 아니라는 사실을 명심하고 하나님의 말씀으로 계속해서 돌아가야 합니다. 오늘 내가 어느 길을 가야 할지, 하나님이 내게 주신 뜻이 무엇인지를 바로 알기 위해서입니다.

하나님과의 관계는
모든 것의 시작이다

셋째, 하나님이 아닌 우상을 숭배하는 죄를 짓지 않기 위해서는 하나님과의 관계를 회복해야 합니다. 하나님과의 관계가 깨지면 인생의 모든 부분이 무너지고 맙니다. 하나님을 거역하는 인생은 손해 보는 인생인 것입니다. 하나님과 언약을 맺은 후 하나님을 떠나 버리면 잃어버리는 것이 한두 개가 아닙니다. 누가복음 15장에 나오는 탕자처럼 탕진하고 맙니다. 하나님과의 관계가 깨지면 가장 먼저 인간관계가 깨지고, 이어서 나 자신과의 관계가 깨집니다. 우리가 자존감이 낮아지고 스스로 정죄하게 되는 이유는 하나님과의 관계가 깨졌기 때문입니다. 따라서 우리는 무엇보다 하나님과의 관계를 회복해야 합니다. 그때 죄인인 우리를 사랑하시는 하나님의 은혜에 감사하며 인생을 헛되이 살지 않게 됩니다. 몸과 마음을 하나님이 기뻐하시는 일에 드리며 살게 됩니다.

우상 숭배라는 죄를 지을 때 가장 큰 상실은 언약의 돌판이 깨진다는 것입니다. 시내산에서 내려온 모세는 금송아지 우상을 숭배하는 이스라엘 백성을 보고는 언약의 돌판을 던져서 깨뜨렸습니다. 하나님과의 관계가 깨지면 하나님의 언약의 돌판이 던져져 깨지고, 곧 하나님의 동행하심이 사라지고 맙니다. 내 삶의 구속주 되시고 인도자 되시는 주님이 더 이상 동행하지 않으시는 것보다 더 큰 손해가 어디 있습니까? 당시 이스라엘 백성은 광야에서 하나님이 그들을 인도하시지 않으면 죽을 수밖에 없는 현실에 처해 있었습니다. 그들은 절박하게 기도할 수밖에 없었습니다. 그런 상황에서 하나님이 동행하지 않으신다는 말씀은 곧 죽음을 의미했습니다.

이사야 선지자는 이사야 59장 1-2절에서 "여호와의 손이 짧아 구원하지 못하심도 아니요 귀가 둔하여 듣지 못하심도 아니라 오직 너희 죄악이 너희와 너희 하나님 사이를 갈라놓았고 너희 죄가 그의 얼굴을 가리어서 너희에게서 듣지 않으시게 함이니라"라고 말했습니다. 아버지의 집을 떠난 탕자처럼 하나님을 떠나면 마치 내 안에 자유가 충만할 것처럼 느껴질 수 있습니다. 내가 가진 것을 내 마음대로 쓸 수 있고 마음껏 살 수 있기 때문입니다. 그렇지만 그 자유의 실상은 어떻습니까? 보이지 않게 소중한 것들이 하나씩 떠나간다는 것입니다.

육체를 가진 우리가 하나님과의 관계를 잘 유지하며 영적 생활을 하기란 참 힘든 일입니다. 하나님과의 관계를 잃어버릴 때 우리가 얼마나 많은 것을 잃게 되는지는 헤아려 보지 않아도 쉽게 알 수 있습니다. 우리는 자기 욕망대로 살지 않고 하나님의 뜻을 따라 살 때 하나님이 공급해 주시는 힘으로 살아갈 수 있습니다. 오늘을 살아갈 용기, 오늘을 살아갈 소망, 오늘을 살아갈 여유와 넉넉함은 모두 하나님과의 관계에서 옵니다.

영적인 관점을
하나님께 두라

우상을 숭배하지 않기 위해서는 넷째로, 지도자가 영적인 관점을 가져야 합니다. 아론이 누구입니까? 그는 모세와 함께 영적으로 하나님을 많이 체험했고, 하나님의 말씀을 듣고 애굽의 바로왕 앞에도 섰던 인물입니다. 그는 하나님에 대해 많이 알고 있었습니다. 그런데 백성이 자신들을 인도할 신을 만들어 달라고 할 때 그가 어떻게 반응했습니까? 아론은 가나안 땅을 정탐하고 돌아온 여호수아와 갈렙처럼 불평하는 이스라엘 백성을 향해 옷을 찢으면서 하나님의 약속을 확신하라고 믿음으로 반응하지 않았습니다. 지도자로서 아론은 "우리가 지금 여기까지 우리 힘으로 왔는가? 하나님이 계속해서 우리를 인도하고 계신다"라고 하며 꾸짖어야 마땅했습니다. 안타깝게도 그는 하나님 대신 우상을 만들어 달라는 이스라엘 백성의 청을 들어주고 말았습니다.

지도자에게는 그 무엇보다 진실한 신앙고백을 해 주는 사람이 필요합니다. 그를 격동시키는 사람이 아니라 "우리는 하나님만 경배해야 합니다. 하나님만 의지해야 합니다"라고 이야기해 주는 사람 말입니다. 비록 위로해 주고 사랑한다고 말할지라도 하나님에 대한 신앙고백이 없으면 단지 세상적인 지혜에 불과할 뿐 믿음의 충고나 격려는 될 수가 없습니다.

주변에 영적인 친구를 많이 두십시오. 세상의 친구도 중요하지만, 하나님의 뜻을 나눌 수 있는 공동체인 교회 안에서 믿는 사람들끼리 교제하는 일은 매우 중요합니다. 특히 지도자는 영적으로 깨어서 하나님의 뜻을 이야기해 주는 사람을 곁에 두는 것이 굉장히 중요합니다. 그들이 해 주는 말은 이 땅에서 영적 여정을 가는 데 더없이 큰 힘이 됩니다. 그들과의 교제 가운데 성령이 역사하셔서 단순히 말이 아닌 능력이 되기 때문입니다. 우리도 지치고 힘들 때 믿음의 동역자가 와서 해 준 한마디가 큰 힘이 된 경험이 있지 않습니까?

우리를 향한 하나님의 계획과 뜻이 무엇인지 나누는 공동체에 속해 하나님의 큰 은혜를 누릴 수 있기를 바랍니다.

03

거룩한
중심이
바로서야
삶이 바로선다

_ 예배 사수하기

레 10:1-11

예배,
하나님께 나아가는 길

기독교와 타 종교는 분명한 차이가 있습니다. 타 종교는 명상이나 묵상, 제사를 드리는 의식 등 자신들만의 방식대로 신에게 나아갑니다. 반면 기독교는 하나님께 나아가는 길을 하나님이 친히 계시해 주셨습니다. 하나님이 하나님과 소통하며 생명력을 가지고 살아가는 방법을 인간에게 직접 알려 주신 것입니다.

때로 우리는 제사드리는 일, 즉 예배드리는 시간이 어렵게 느껴집니다. 왜 제사를 드리는지, 왜 예배를 드려야 하는지 잘 모를 때 더욱 그렇습니다. 새의 날개에 비유하면 그 이유를 쉽게 알 수 있습니다. 새에게는 날개의 비중이 가장 큽니다. 날개가 너무 커서 버거운 것 같지만 날개가 없으면 어떻게 됩니까? 새의 본질인 하늘을 나는 일이 불가능해집니다. 마치 예배와도 같습니다. 예배는 하나님의 방식이기에 인간인 우리에게는 부담스럽고 힘듭니다. 그런데 예배를 드리지 않으면 하나님께 나아갈 수가 없고, 하나님께 집중할 수가 없습니다. 예배는 우리의 본질입니다.

구약에서 하나님은 광야라는 환경을 통해 하나님을 가까이하는 법을 말씀해 주셨습니다. 당시 이스라엘 백성은 하나님께 나가지 않으면 생존 자체가 불가능했습니다. 따라서 하나님께 제사를 드리는 것이 곧 하나님과 교제하며 살아가는 방법이었습니다. 그런데 하나님은 제사를 아무에게나 맡기지 않으셨습니다. 제사장이 제물로 제사를 드렸습니다.

신약 시대를 사는 오늘날 우리는 어떻습니까? 우리는 예수 그리스도의 피로 말미암아 제사장이 되어 하나님 앞에 담대히 나갈 수 있게 되었습니다. 제물과 제사의 문제를 예수 그리스도가 해결해 주셨습니다. 그래서 우리는 예수 그리스도의 피와 공로가 없이는 예배드리며 하나님께 나갈 수 없는 것입니다. 기도할 때도 예수님의 이름으로 기도합니다. 예수님에 관한 모든 원형이 제사 의식에 담겨 있습니다. 그러므로 제사는 그리스도를 볼 수 있고 그리스도가 하신 일을 알 수 있는 매우 중요한 요소입니다.

그리고 하나님은 제사를 드리는 방법, 제물 및 제사장의 조건, 제사를 준비하는 과정 등을 매우 자세하게 설명해 주셨습니다. 본문은 하나님이 첫 번째로 제사에 대해 알려 주시는 내용을 다루고 있습니다. 당시 아론을 비롯해 그의 아들들을 포함해 제사장 5명이 성막에 있었습니다.

이때 비극적인 사건이 일어났습니다. 아론의 첫째 아들 나답과 둘째 아들 아비후가 성소에서 여호와 앞에서 나온 불에 타서 죽었습니다. 이 일에 대해 하나님은 "너희는 머리를 풀거나 옷을 찢지 말라 그리하여 너희가 죽음을 면하고 여호와의 진노가 온 회중에게 미침을 면하게 하라 오직 너희 형제 이스라엘 온 족속은 여호와께서 치신 불로 말미암아 슬퍼할 것이니라"(레 10:6)라고 말씀하셨습니다. 정말 슬퍼해야 할 일은 하나님이 진노하셨다는 사실이라고 하신 것입니다.

미가 6장 6-8절에는 하나님 앞에 어떠한 자세로 나가야 할지에 대한 미가 선지자의 고백이 담겨 있습니다. "내가 무엇을 가지고 여호와 앞에 나아가며 높으신 하나님께 경배할까 내가 번제물로 일 년 된 송아지를 가지고 그 앞에 나아갈까 여호와께서 천천의 숫양이나 만만의 강물 같은 기름을 기뻐하실까 내 허물을 위하여 내 맏아들을, 내 영혼의 죄로 말미암아 내 몸의 열매를 드릴까 사람아 주께서 선한 것이 무엇임을 네게 보이셨나니 여호와께서 네게 구하시는 것은 오직 정의를 행하며 인자를 사랑하며 겸손하게 네 하나님과 함께 행하는 것이 아니냐." 하나님 앞에 나가지 않으면 살 수 없습니다. 하나님과 교제해야 우리가 삽니다. 이러한 이유로 예배에 실패하면 우리의 삶 전체가 실패한다고 이야기하는 것입니다. 신앙생활을 아무리 잘해도 예배의 의미와 정성과 뜻을 잃어버리면 그 인생은 실패한 것입니다.

예수님을 믿는 감격이 마음속에 있으면 삶의 예배가 회복됩니다. 말씀과 찬양이 달게 느껴지고 하나님께 예배드림이 기쁨이 됩니다. 그렇지 않으면 예배가 단지 일로 느껴져서 대충 때우게 됩니다. 이스라엘 백성처럼 금송아지를 만들어 자기들끼리 먹고 뛰놀며 즐거워한 것과 다름없습니다. 참 무섭게도 이러한 현상이 한국 교회에도 나타나고 있습니다.

하나님이 정하신 방법대로

그러면 나답과 아비후가 죽은 이유는 무엇일까요? 첫째, 하나님의 방법을 따르지 않았기 때문입니다. 그들은 잘못된 불을 사용했습니다. 성막에서 사용하는 불의 종류는 모두 3가지였습니다. 가장 먼저, 성막 뜰에 있는 번제단에서 태우는 불입니다. 여기서 짐승을 잡아 피를 흘린 후 태우기 때문에 성막에서는 항상 짐승이 타는 연기가 났습니다. 죄의 대가가 무엇인지를 보여 주시려는 것입니다. 하나님은 피를 볼 때 진노를 멈추겠다고 말씀하셨습니다. 그다음으로 성소에서 피우는 향과 등불이 있었습니다.

하나님은 3가지의 불을 입으로 끄지 말라고 명하셨습니다. 불마다 모두 의미가 있기 때문입니다. 번제단의 불은 우리는 죄인이기에 영원한 형벌을 받아 불에 타서 죽을 수밖에 없는 존재임을 깨닫게 해 줍니다. 성소의 향은 성도의 기도를 의미합니다. 기도의 불은 꺼져서는 안 됩니다. 그리고 등불은 성령이 오셔서 어두운 곳을 밝혀 주신다는 의미입니다. 그런데 불을 붙이는 방법에는 하나님이 정하신 방법이 있었습니다. 번제단에 있는 불을 가져다가 붙여야만 했습니다. 그런데 아론의 두 아들은 다른 불을 가지고 왔습니다. 그들은 하나님이 명하시지 않은 불을 붙여서 죽음을 면치 못했던 것입니다.

다윗이 하나님의 법궤를 이스라엘로 운반할 때를 생각해 봅시다. 나곤의 타작마당에 이르러서 소들이 뛰자 웃사가 손을 들어 하나님의 궤를 붙들었습니다. 그때 무슨 일이 일어났습니까? "여호와 하나님이 웃사가 잘못함으로 말미암아 진노하사 그를 그곳에서 치시니 그가 거기 하나님의 궤 곁에서 죽으니라"(삼하 6:7). 하나님의 법궤가 땅에 떨어지지 않도록 막기 위해 잡았을 뿐인데 왜 죽었을까요? 하나님이 정하신 사람이 아니면 하나님의 법궤를 운반할 수 없었기 때문입니다. 그래서 하나님은 우리를 보호하시고자 하나님의 방법을 우리에게 말씀해 주시는 것입니다.

번제단에서 가져오는 불은 그리스도의 피를 상징합니다. 즉 우리는 죽을 수밖에 없는 우리를 구속하시고 용서하신 예수 그리스도의 피와 희생과 십자가를 기억하지 않고는 하나님 앞에 나갈 수가 없는 존재입니다. 우리는 어떤 예배든지 우리의 힘, 우리가 가진 자격, 우리의 생각으로는 하나님 앞에 절대로 나가지 못합니다. 나를 위해 영원한 제물이요, 제사장이 되어 주신 예수 그리스도의 피를 의지하는 것이 핵심입니다. 보혈의 피 없이는 하나님께 나갈 수 없습니다.

거룩한 중심이 중요하다

둘째, 하나님께 나갈 때 포도주나 독주를 마셨기 때문입니다. 본문인 레위기 10장 9-10절에서 하나님은 "너와 네 자손들이 회막에 들어갈 때에는 포도주나 독주를 마시지 말라 그리하여 너희 죽음을 면하라 이는 너희 대대로 지킬 영영한 규례라 그리하여야 너희가 거룩하고 속된 것을 분별하며 부정하고 정한 것을 분별하고"라고 말씀하셨습니다. 나답과 아비후는 포도주나 독주를 마시고 성막에 들어갔던 것이 분명합니다.

인간적으로 생각해 보면 이해가 가기도 합니다. 제사를 드릴 때 짐승의 각을 뜨고 불로 태우는 일이 맨 정신으로 가능할까요? 저는 어릴 때 화장막에서 자랐습니다. 옛날에는 재래식으로 직접 시체를 태웠습니다. 뒤쪽에서는 그 모습이 다 보였는데, 기억을 떠올려 보면 일하는 사람들이 늘 술에 취해 있었습니다. 당시 이스라엘 백성에게 포도주는 일반적인 음료였음에도 하나님은 제사장에게 술을 마시지 말라고, 술의 지배를 받지 말라고 금하셨습니다.

우리가 예배를 드리는 이유가 무엇입니까? 나를 향한 하나님의 뜻이 무엇인지 알고 하나님의 인도하심을 구하기 위해서입니다. 우리는 다른 것을 의존하거나 붙들지 말고 정직하게, 맨 정신으로 자신의 중심을 들고 오직 하나님 앞에 나가야 합니다. 그것이 하나님이 원하시는 진정한 예배이기 때문입니다.

누룩을 제거하라

셋째, 그들은 누룩을 넣었기 때문에 성막에서 죽임을 당했습니다. 레위기 10장 12절에서 하나님을 모세를 통해 "여호와께 드린 화제물 중 소제의 남은 것은 지극히 거룩하니 너희는 그것을 취하여 누룩을 넣지 말고 제단 곁에서 먹되"라고 말씀하셨습니다. 소제 이후 제사는 먹는 것으로 마무리되었습니다. 하나님은 그 음식에 누룩을 넣지 말라고 말씀하셨습니다.

　성경에서 흔히 누룩은 부정한 것, 죄, 악한 것으로 표현됩니다. 누룩을 넣지 말라는 의미는 하나님 앞에 나가서 예배드릴 때 내 속에 죄가 있는지, 없는지 자신을 살피라는 뜻입니다. 예배에서 중요한 것은 말씀을 자신에게 적용하는 것입니다. 예배드릴 때는 회중으로 모이지만 하나님이 우리 각자에게 주시는 말씀이 있습니다. 그러므로 우리는 하나님 앞에 나 자신을 살피며 나가야 합니다.

종종 예배드리기 전에 성도들과 서로 안부를 묻는 경우가 있는데 사실은 예배의 정신에 어긋나는 행위입니다. 우리는 예배드리기 전에 하나님 앞에 긴장한 상태로 나가 "하나님, 제가 예배를 드리기에 합당한 사람인지요? 혹시 제게 무슨 허물과 죄가 있다면 주님의 피로 씻어 주소서. 예배를 통해 주시는 주의 음성을 듣게 하시고, 제 속에 주님의 은혜와 사랑을 회복할 수 있도록 도와주십시오. 저와 함께해 주옵소서"라고 기도해야 합니다.

예배 중에 하나님이 주시는 말씀에 순종해 자신이 옳다고 생각하는 견해를 내려놓는 아픔을 감내해야 합니다. 나는 편하고 좋은데 하나님이 아니라고 하시면 내려놓아야 하는 것입니다. 하나님이 용서하라고 하시면 비록 나는 용서할 수 없고 용서하기 힘들어도 용서해야 합니다. "하나님, 제 힘으로는 도저히 용서하지 못하겠습니다. 성령님, 제가 용서할 수 있도록 도와주십시오." 이러한 마음으로 예배를 드릴 때 비로소 그 예배가 우리를 새롭게 합니다.

우리의 예배는 어떻습니까? 예배에 대한 감격이 있습니까? 만약 벅찬 감동이 느껴지지 않는다면 영적으로 병들어 가고 있다는 증거입니다. 하나님께 드리는 예배의 정결함과 거룩함을 해결하지 않으면 우리 삶의 전반적인 부분에 문제가 불거지기 시작합니다. 반대로 예배가 회복되면 우리 안에 하나님의 영이 살아나고 하나님이 친히 우리 삶의 문제를 풀어 가십니다. 때로 상황이 당장 변하지는 않을지라도 이겨 나갈 수 있는 지혜와 능력이 생길 것입니다.

예배가 살아나야 합니다. 예배가 살아나기 위해 반드시 필요한 일이 있습니다. 제물이 죽어야 하는 것입니다. 예배를 드리면서도 내 생각과 내 지식과 내 공로와 내 의지와 내 판단이 살아 있다면 진정한 예배가 아닙니다. 예배는 내가 죽고, 내 속에 계신 그리스도가 살아나시는 시간입니다. 나는 피조물의 자리로 돌아가고, 하나님이 하나님의 위치로 회복되시는 때입니다. 예배가 얼마나 복된지요! 우리를 향한 하나님의 사랑이 얼마나 귀한지요!

예배의 자리에 있는 것은 큰 축복입니다. 하나님 앞에 나가 용서받고 회복될 수 있는 길이 예배의 자리에 마련되어 있습니다. 우리는 예배를 드리면서 다시 시작할 수 있는 하나님의 은혜를 맛볼 수 있습니다. 우리를 회복시키시는 하나님 앞에서 하나님의 자녀답게 살 수 있도록 우리를 세우시는 하나님의 은혜가 우리 가운데 풍성하기를 바랍니다.

우리 속에 무너진 것이 있다면
예배를 통해 수축되게 하옵소서.
예배가 거룩한 습관이 되어
날마다 회복의 은혜를 경험하게 하옵소서.

04

현실을
직시하되
비전으로
하라

_ 현실에 압도당하지 않기

민 14:26-38

언약을 잊은
백성의 모습

출애굽기를 읽다 보면 이스라엘 백성의 모습 속에서 우리를 발견하곤 합니다. 하나님은 이스라엘 백성을 포로 되었던 애굽 땅에서 인도해 내셨습니다. 하지만 광야 생활 40년 중에 하나님이 그들을 포기하려 하신 사건이 두 가지 있습니다. 먼저, 앞서 제2부 2장에서 살펴본 금송아지 사건입니다. 하나님의 뜻을 따르지 않는 것도 죄이고, 하나님을 대적하는 것도 죄입니다. 하나님은 이스라엘 백성이 사탄의 편에 서서 하나님을 대적할 때 그들을 인도하지 않겠다고 하셨습니다. 그들이 먼저 언약을 깨뜨렸기 때문입니다.

또 하나는 가나안 땅 열두 정탐꾼 사건입니다. 가나안 땅을 정탐하고 돌아온 12명의 정탐꾼들 중에 10명은 그 땅을 악평하면서 "우리는 스스로 보기에도 메뚜기 같으니 그들이 보기에도 그와 같았을 것이니라"(민 13:33)라고 말하며 가나안 족속과 싸울 수 없다고 부정적으로 이야기했습니다. 그 말을 들은 이스라엘 백성은 소리를 높여 부르짖으며 밤새도록 통곡했습니다. 그 모습을 보신 하나님은 모세에게 "이 백성이 어느 때까지 나를 멸시하겠느냐 내가 그들 중에 많은 이적을 행하였으나 어느 때까지 나를 믿지 않겠느냐"(민 14:11)라고 하시면서 이스라엘 백성을 진멸시키겠다고 결심하셨습니다. 그리고 결국 불평하고 원망했던 사람들은 그들이 말한 대로 광야에서 죽었습니다.

이처럼 이스라엘 백성은 하나님의 은혜 가운데 살면서도 실패하고 또 실패했습니다. 과연 그들이 실패할 수밖에 없었던 이유는 무엇일까요? 이 장에서는 이스라엘 백성을 반면교사 삼아 자신의 모습을 돌아볼 수 있기를 바랍니다. 하나님의 말씀에 비추어 나는 어떤 사람인지를 살펴보는 것은 매우 중요합니다. 그때 인격이나 삶에 진정한 변화가 나타날 수 있기 때문입니다. 우리는 이미 형성된 인격과 습관을 따라 살기 때문에 변하지 않는 현재가 편하고 무조건 옳다고 착각할 때가 많습니다. 하나님 앞에서 아름다운 주의 백성답게 사는 법을 깨닫게 되기를 바랍니다.

비전을 좇는
인생

이스라엘 백성이 실패한 첫째 원인으로는 비전의 상실을 꼽을 수 있습니다. 비전은 미래를 열어 가는 힘으로서, 우리에게서 나오는 것이 아니라 하나님이 우리에게 주신 하나님의 꿈입니다. 어떤 사람은 비전을 증명해 보이라고 요구합니다. 하지만 비전은 우리에게 소원을 두고 행하게 하시는 하나님이 주신 꿈이기에 증명해 낼 방법이 없습니다. 다만 우리의 삶에서 비전이 빠져나가면 그 존재나 무게감을 알 수 있습니다. 즉시 우리가 현실적이고 물질적인 사람으로 변하기 때문입니다. 실용적이며 자기중심적으로 바뀌기 때문입니다. 그러나 누군가의 삶에 비전이 들어가면 그 비전으로 인해 삶이 새로운 가치관으로 바뀌는 모습을 볼 수 있습니다.

출애굽 당시 하나님과 이스라엘 백성의 생각은 달랐습니다. 이스라엘 백성은 400년간의 노예 생활이 지긋지긋하니까 애굽만 떠나면 괜찮다는 생각으로 도망쳐 나왔습니다. 이는 '노예 정체감'으로, 현실적이고 물질적이며 자기중심적인 생각입니다. 그런 사람들은 고통을 못 견디고 힘든 상황이 오면 주저앉아 원망합니다. 그리고 옛날과 자꾸 비교하는 나쁜 습성을 가지고 있습니다.

그런데 하나님의 생각은 달랐습니다. 하나님께서는 무엇을 위해 애굽을 떠나는지가 굉장히 중요한 문제였습니다. 하나님은 이미 언약 백성이었던 이스라엘과 또다시 언약을 맺으셨습니다. 그들이 애굽 땅에서 너무 고통스러워하기에 떠나게 하신 것이 아닙니다. 이스라엘 백성이 가나안 땅에 들어가 열방 가운데 축복의 통로로서 복을 흘려보내는 제사장이자 하나님의 백성답게 살게 하시려는 것, 하나님이 통치하시는 하나님 나라를 만들어 가게 하시려는 것이 하나님의 목적과 계획이었습니다. 지도자 모세 역시 이러한 하나님의 비전과 꿈을 갖고 있었습니다.

현실적이고, 인간적이고, 실용적이고, 자기중심적인 가치관을 가진 사람에게는 광야가 더 어려운 곳입니다. 애굽에서는 노예로서 살았기에 고통스러웠지만 먹을 것이 확보되어 있었고 쉴 수도 있었습니다. 하지만 광야는 보장된 것이 아무것도 없었습니다. 어려운 환경 속에서 비전이 없는 사람들은 불평하기 쉽고 현실로 돌아가곤 합니다. 그리고 매우 물질 중심적인 사고를 가질 수밖에 없습니다. 그들은 일상 속에서는 잘 살 수 있겠지만 미래를 열어 가는 일에는 하나님께 바로 쓰임을 받지 못하는 경우가 많습니다.

꿈이 없으면 현실적으로 살아가는 삶에 불과합니다. 그러나 하나님의 꿈을 나의 꿈으로 바꾸기 시작하면 역사가 일어납니다. 그러므로 현실을 보고 절망하거나 좌절하지 마십시오. 하나님은 우리를 축복의 통로로 쓰시고 하나님의 사람으로 만들기 위해 부르셨습니다. 그래서 광야에서 연단을 시키시는 것입니다. 즉 하나님은 우리에게 복을 주시되, 그냥 주시지 않고 먼저 우리를 복을 받을 수 있는 사람으로 인격적으로 다듬으십니다.

우리는 고난과 시련을 피하고 싶어 합니다. 하지만 고난과 시련이 없으면 겸손해지지도 않고 하나님의 뜻을 찾으려 하지도 않습니다. 고난과 시련도 하나님의 은혜인 것입니다. 하나님은 비전을 향해 우리를 인도하려는 계획을 가지고 계신데, 우리에게는 영적이면서 미래지향적인 관점이 없습니다. 우리 속에 열정과 헌신이 없는 것입니다. 비전이 없으면 열정이 없고 헌신도 없습니다. 자신이 먼저 길을 만들고, 많은 사람이 그 길로 걸어가도록 만드는 것이 바로 믿음입니다. 하나님이 우리를 부르신 이유는 고통과 문제에서 해방시키고 우리를 편하게 해 주시려는 것만이 아닙니다. 우리에 대한 하나님의 꿈은 우리의 생각보다 크고 놀랍습니다.

비록 힘들지만 현실을 돌파하고자 하나님께 꿈과 비전을 구할 때 하나님은 우리에게 삶의 의미를 알려 주십니다. 인생의 목표나 삶의 의미가 없어지면 살 의지가 사라집니다. 그러나 삶의 의미가 있으면 고통과 어려움을 당해도 이겨 나갈 수 있는 힘이 생깁니다. 하나님의 꿈은 우리에게 비전과 삶의 의미, 열정과 꿈을 줍니다. 우리가 주님의 인도하심에 초점을 맞추고 하나님께 나아갈 때 하나님이 꿈을 주시는 것입니다.

우리가 당하고 있는 고난 이면에 나를 향한 하나님의 꿈과 계획이 무엇인지 주님께 여쭈어 보십시오. 비전은 내가 만드는 것이 아니라 하나님이 주셔야 하는 것입니다. 그러므로 하나님께 기도할 때 하나님이 나를 통해 이루기 원하시는 뜻과 계획이 무엇인지를 물어야 합니다. 비전을 바라보면 우리의 현실이 달라집니다. 현실을 새로운 관점으로 해석하게 됩니다.

불평의 언어를
감사의 언어로 바꾸라

이스라엘 백성이 실패한 두 번째 이유는 언어의 문제에서 찾을 수 있습니다. 우리는 무엇이든지 다 말할 수 있는 자유가 있습니다. 하지만 성경은 하나님이 말에 대한 책임을 물으실 것이라고 말합니다.

이외에도 성경 곳곳에는 말에 대한 말씀이 기록되어 있습니다. 먼저, 민수기 14장 28절에서 하나님은 "여호와의 말씀에 내 삶을 두고 맹세하노라 너희 말이 내 귀에 들린 대로 내가 너희에게 행하리니"라고 말씀하심으로 말의 중요성을 이야기하셨습니다. 또한 신약에서 예수님은 "선한 사람은 그 쌓은 선에서 선한 것을 내고 악한 사람은 그 쌓은 악에서 악한 것을 내느니라 내가 너희에게 이르노니 사람이 무슨 무익한 말을 하든지 심판 날에 이에 대하여 심문을 받으리니 네 말로 의롭다 함을 받고 네 말로 정죄함을 받으리라"(마 12:35-37)라고 말씀하셨습니다.

아울러 야고보 사도는 혀는 작지만 배 전체를 움직이는 키와 같다고 말했습니다(약 3:4-5). 전염성이 매우 강하다는 의미입니다. 그리고 혀는 작지만 엄청난 힘을 갖고 있습니다. 그래서 한 사람의 신앙의 성숙도가 언어에 달려 있다고 보는 것입니다. 신앙이 성숙해지면 삶에 은혜와 감사의 언어가 더욱 늘어납니다. 한편 삶 속에서 은혜와 감사의 언어가 많이 나오지 않으면 불평과 원망이 계속해서 쌓이게 됩니다. 우리는 정말 많은 것을 잃기 전까지는 일상을 당연하게 생각합니다. 그러나 일상이 축복임을 깨닫게 되면 감사와 찬양이 나오고 관점이 바뀝니다. 건강하던 사람이 다리를 다치면 평소에는 대수롭지 않게 생각했던 계단이 유난히 높아 보이고 관심을 가지지도 않던 지팡이가 눈에 띄는 것과 마찬가지입니다.

불평하는 말과 원망하는 말의 특징이 있습니다. 무엇보다 하나님이 지금까지 나에게 행하신 일을 부정하게 만든다는 것입니다. 우리는 불평하지 않도록 주의해야 합니다. 불평하고 원망하면 정죄하는 마음이 생기기 때문입니다. 그러면 내가 내 삶을 스스로 무너뜨리게 됩니다. 그렇다면 불평하고 원망하는 마음이 생기면 어떻게 해야 할까요? 우리는 어떤 생각이 떠오를 때 그 생각이 좋든 나쁘든 말로 내뱉기 전에 하나님께 여쭈어야 합니다. 그래서 신앙인에게 기도는 필수입니다. 하나님은 불평할 수밖에 없는 우리의 환경과 상황을 다 알고 계십니다. 그러나 그 가운데서도 나를 도와주신 하나님을 인정하는 말을 하고 태도를 보인다면 하나님이 매우 기뻐하실 것입니다.

또한 불평하는 말과 원망하는 말은 지금 나와 함께하시는 하나님을 부정하게 만듭니다. 내가 내 힘으로 산다고 착각하기 때문에 불평하고 원망하게 되는 것입니다. 사실 우리는 하나님의 은혜 가운데 살아가므로 날마다 하나님께 기도를 드려야 합니다. 비록 하나님이 멀리 계시는 것 같고 우리 눈에 보이지 않아도 하나님은 오늘도 나와 함께하시기 때문입니다.

불평하는 말과 원망하는 말의 또 하나의 특징은 나를 향한 선하신 하나님의 계획과 뜻을 무시한다는 것입니다. 불평하고 원망하는 사람은 하나님이 고난 속에서 나를 연단하시고, 나의 가치관과 세계관을 바꾸시며, 인생을 해석하는 관점을 전환하시고, 하나님의 꿈으로 내 삶을 인도하고 계심을 신뢰하지 않습니다.

우리에게 언어는 참으로 중요합니다. 은혜를 받으면 긍정적인 언어와 감사의 말이 많아집니다. 세상을 살다 보면 불평하고 원망할 일들이 일어날 수 있습니다. 그때는 먼저 하나님께 여쭈어야 합니다. 잘될 때도 마찬가지입니다. '나만큼만 살면 돼' 하며 교만한 생각을 하기 전에 하나님께 여쭈어야 합니다. 우리가 하나님을 부정할 수밖에 없는 상황에 놓여 있을지라도 하나님을 인정해 드려야 하는 것입니다. 하나님은 하나님이 살아 계신 것과 자기를 찾는 자들에게 상 주시는 이심을 믿는 자들을 기뻐하십니다(히 11:6).

불평하는 말과 원망하는 말의 특징은 여호수아와 갈렙, 그리고 10명의 정탐꾼들의 차이에서 발견할 수 있습니다. 10명의 정탐꾼들은 그들의 입술로 선포한 대로 재앙으로 다 죽었습니다. 오직 여호수아와 갈렙만이 약속의 땅 가나안에 들어갔습니다. 여호수아와 갈렙에게는 현실을 정확하게 보는 눈이 있었습니다. 믿음은 현실을 외면하고 꿈만 꾸는 것이 아니라, 현실을 분명히 직시하는 것입니다. 아울러 섣불리 판단해서 결정하지 않고 우선적으로 하나님의 뜻을 물어보는 것이 바로 믿음입니다.

우리는 마음속으로 현실적인 결론을 내릴 때가 많습니다. 하지만 기도할 때 불가능하다고 생각했던 일들이 성취되고, 신실하신 하나님의 역사하심을 체험하게 됩니다. 그 이유는 현실을 믿음의 눈으로 바라보고 선포했기 때문입니다. 과거 정말 어려운 시대를 살았던 우리 신앙의 선조들은 맨바닥에 가마니를 깔고 앉아서 하나님께 기도했습니다. 천막에서 비가 새도 그 비를 다 맞으면서 엎드려 기도했습니다. 안타깝게도 분명 하나님이 우리의 기도를 들어주셔서 여기까지 오게 하셨는데 어느새 하나님의 응답이 우리의 타락으로 이어지고 있습니다. 우리의 자녀와 미래와 한국 교회는 새롭게 헌신해야 합니다. 다시금 기도에 불을 붙여야 합니다. 기도의 질과 양이 모두 채워지면 그때 하나님 나라가 이루어질 것입니다.

그러므로 낙심하지 말고 가정과 자녀를 위해 기도하십시오. 우리는 꿈과 믿음을 가지고 기도해야 합니다. 힘들고 어려운 순간에도 하나님을 향한 사랑과 주님을 신뢰하는 믿음이 우리의 삶에서 그치지 않도록 해야 합니다. 하나님의 구름 기둥과 불 기둥이 여전히 우리를 지키고 있습니다. 또한 하나님의 만나는 끊어지지 않고, 하나님의 언약은 사라지지 않습니다.

이제 불평하는 말과 원망하는 말을 그치고 현실을 믿음의 눈으로 해석하면서 하나님의 비전을 따라가십시오. 참된 중보기도자요, 참된 예배자로 설 수 있기를 바랍니다. 하나님이 찾으시는 한 사람이 되십시오. 우리를 통해 우리가 속한 공동체에 회복시키시는 하나님의 긍휼과 자비가 임하기를 바랍니다.

05

선 줄로
생각하면
기도로
다음을 준비하라

_ 성공에 속지 않기

수 7:16-26

큰 일의 성공
작은 일의 실패

이스라엘 백성은 아이성 전투에서 패하기 전에 여리고성에서 불가능한 일을 이루어 냈습니다. 당시 여리고성은 인간의 힘으로는 결코 무너뜨릴 수 없는 천혜의 요새였습니다. 견고한 여리고성 앞에서 이스라엘 백성은 오직 하나님의 말씀에 순종했고, 그 결과 승리를 맛보았습니다. 여리고성이 무너진 것도 그들에게는 무척 기쁜 일이었지만, 그보다는 그 사건을 통해 하나님의 함께하심을 경험한 일이 더 값졌습니다. 하나님의 임재에 대한 확신이야말로 이스라엘 백성의 기쁨의 원천이었습니다.

그런데 뜻밖에도 그들은 여리고성과는 비교할 수 없이 작은 아이성 전투에서는 참패를 당하고 말았습니다. 작은 일에 넘어진 이스라엘 백성은 이전에 거머쥔 승리의 감격과 기쁨의 확신을 잊은 채 좌절할 수밖에 없었습니다. 우리 역시 마찬가지입니다. 큰 일 앞에서는 열심히 기도하며 위기를 극복하지만, 정작 작은 일에는 안일한 마음으로 대처하다 넘어질 때가 종종 있습니다. 이 장에서는 우리가 날마다 치러야 하는 영적 전쟁에서 승리하기 위해서는 어떻게 해야 하는지 살펴보겠습니다.

기도에 성패가
달려 있다

영적 전쟁에서 승리할 수 있는 첫 번째 요소는 기도입니다. 아이성 전투에서의 실패는 하나님의 백성으로서 누리는 축복은 기도가 아니면 받을 수 없다는 사실을 보여 줍니다. 여리고성 앞에 선 여호수아는 여호와의 군대장관이 나타나자 납작 엎드리며 간절히 기도했습니다. '납작 엎드렸다'라는 말은 하나님 앞에 철저히 회개하고 그분의 도우심을 구했다는 의미입니다. 이는 전쟁은 인간이 아니라 하나님께 속해 있음을 상기시킵니다.

그런데 이스라엘이 여리고성을 점령하고 난 직후 아이성을 공격할 때는 그들이 기도하며 하나님의 도우심을 구했다는 기록이 없습니다. 그들은 승리에 도취된 나머지 하나님께 구하지 않았던 것입니다. 그 결과 그들 스스로 점령할 수 있다며 자신만만했던 작은 아이성 전투에서 완전히 패배하고 말았습니다. 사실 승리한 다음에 평안이 찾아오면 가장 잊어버리기 쉬운 것이 기도입니다. 이스라엘 백성은 승리한 후에, '이제는 기도 없이도 가능해'라고 생각했고, 곧 하나님의 능력을 잃어버렸습니다.

우리는 그들의 모습에서 교훈을 얻어 영적인 상태를 끊임없이 점검해야 합니다. '지금까지 잘했으니까, 이번에 좋은 성과를 냈으니까 다음에도 크게 다르지 않을 거야'라고 생각하는 안일함이 우리 안에 자리 잡기 시작하면 기도를 등한시하게 됩니다. 그러나 하나님은 이러한 태도를 허용하지 않으십니다. 우리는 하나님의 도우심 없이는 하루도 살 수 없는 존재라는 사실을 잊어서는 안 됩니다.

우리는 살면서 큰 일을 만나면 하나님께 구하면서 정작 작은 일은 하나님께 기도하지 않고 스스로의 힘이나 지혜로 극복할 수 있다고 생각합니다. 그러나 평범한 일상이 켜켜이 쌓이다 보면 어려움을 맞닥뜨리는 마지막 순간이 오고 맙니다. 하루하루가 지극히 평범하기에 하나님께 감사하며 기도하지 않고 당연하게 살아온 순간순간이 모여서 하나님과 우리 사이를 점점 멀어지게 만드는 것입니다.

기도하지 않는 사람은 자기 힘과 능력을 믿고 살아가는 사람입니다. 반면 기도하는 사람은 자기 힘으로는 세상을 살 수 없다고 겸손하게 인정하는 사람입니다. 그가 바로 예수님이 말씀하신 "심령이 가난한 자"(마 5:3)입니다. 그는 자신이 가진 지식과 물질, 스펙이 아니라 날마다 하나님이 채워 주시는 은혜가 있을 때 자신이 하나님의 자녀답게 살아갈 수 있다고 고백하는 사람입니다.

주님은 우리에게 일용할 양식을 구하라고 말씀하셨습니다(마 6:11). 여기서 '일용할 양식'은 하루를 살아갈 수 있는 음식뿐 아니라 정서적인 하루의 양식과 영적인 하루의 양식까지를 포함합니다. 정서가 고갈되면 하루를 살아갈 수가 없으며, 영적인 공급이 이루어지지 않으면 죽을 수밖에 없습니다. 사랑, 평안, 소망, 용기가 없이는 단 하루도 살 수 없는 존재가 바로 연약한 우리 인간입니다. 우리는 이 모든 것을 하나님이 늘 공급해 주시기 때문에 당연하게 생각합니다. 그러나 하나님은 우리에게 그것들을 구하라고 말씀하셨습니다.

우리가 하나님께 간구하는 목적은 주로 문제 해결입니다. 그러나 하나님이 우리에게 기도하라고 하시는 이유는 우리와 교제하시기 위함입니다. 독생자를 화목 제물로 보내 우리를 구속하신 하나님은 우리와 친해지기를 원하시는 것입니다. 우리가 주님께 가까이 가면 삶의 문제는 풀리게 되어 있습니다. 왜냐하면 하나님이 우리에게 필요한 것이 무엇인지를 우리보다 앞서 알고 계시기 때문입니다. 우리가 기도할 때 모든 지각에 뛰어난 하나님의 평강이 우리와 함께합니다(빌 4:7). 하나님은 오늘도 사업과 건강, 자녀 때문에 우리가 얼마나 가슴 아파하는지를 누구보다 잘 알고 계시는 진정한 우리의 부모이십니다.

공동체의 죄를
나의 죄로

영적 전쟁에서 승리할 수 있는 두 번째 요소는 공동체 안에서 죄를 제거하는 것입니다. 이스라엘 백성이 기도하자 하나님은 그들이 아이성 전투에서 패배한 원인을 알려 주셨습니다. 제비뽑기를 통해 아간이 여리고성에서 물건을 훔쳤다는 사실이 드러났습니다.

사실 아간이 숨긴 한 벌의 외투는 전쟁에서 꼭 필요한 물건이었습니다. 이스라엘은 낮과 밤의 기온차가 심합니다. 게다가 당시 계속된 전쟁으로 옷이 남루한 그들에게 따뜻하게 몸을 보호해 주는 외투는 필수품이었습니다. '필수품을 챙겼을 뿐인데 하나님이 너무 가혹하신 것 아닌가?'라고 생각할 수 있습니다. 여기서 우리는 죄가 무엇인지를 명확히 알아야 합니다. 하나님은 하나님이 진노하신 이유가 물건을 훔쳤기 때문이 아니라 이스라엘 백성이 여호와의 언약과 명령을 거역했기 때문이라는 사실을 알려 주셨습니다. 하나님이 그들에게서 진정 보고 싶으신 것은 순종이요, 그들의 마음이었던 것입니다.

만일 하나님이 나에게 필요가 없어서 본성상 멀리하는 물건을 갖지 말라고 말씀하셨다면 순종과는 무관합니다. 그러나 정말로 내게 필요한 물건이지만, 그럼에도 불구하고 멀리하라는 하나님의 말씀을 듣는 것이 순종입니다. 오늘도 하나님은 우리에게 무엇이 필요한지 다 알고 계시지만 나에게 필요한 것보다 하나님의 나라와 그분의 의를 구하는 것이 우리의 우선순위인지를 보고 싶어 하십니다.

아간 한 사람 때문에 이스라엘 공동체는 절망 가운데 빠졌습니다. 그리고 곧 하나님의 뜻을 따르는 길이 중단되었습니다. 그런데 이처럼 절망이 가득한 순간에 여호수아가 아간을 부르는 대목은 정말 인상 깊습니다. "여호수아가 아간에게 이르되 내 아들아"(수 7:19). 비록 아간 개인이 죄를 범했지만 여호수아는 '우리의 죄'로 받아들였던 것입니다. 이것은 참으로 중요한 영적 원리입니다. 우리는 지체의 죄를 '우리의 죄', 즉 공동체의 죄로 받아들여 같이 아파하고 회개해야 하는 것입니다.

결국 사람들은 아간과 아간이 훔친 물건과 그 가족과 가축과 장막과 그에게 속한 모든 것과 함께 아골 골짜기로 갔습니다. 그곳에서 그 가족을 돌로 치고, 물건들도 돌로 치고 불사른 후 그 위에 돌무더기를 크게 쌓았습니다. 죄에는 전염성과 대표성이 있기 때문에 하나를 범하면 전체를 범하는 것과 마찬가지입니다. 그만큼 죄는 공동체를 힘들게 만듭니다. 만약 1만 가지 착한 일을 했으나 단 한 번 사람을 죽였다면 재판관 앞에서 용서해 달라고 구할 수 있겠습니까? 그럴 수 없습니다. 그 하나의 죄 때문에 구속당하는 것입니다. 바로 이것이 율법의 특징입니다. 그러므로 내가 아무리 의롭게 살려고 해도 죄인인 우리는 의로워질 수 없습니다.

그런데 하나님이 아간이 지은 죄에 비해 그를 매우 참혹하고 비참하게 죽이신 이유가 무엇일까요? 이는 죄를 다루시는 하나님의 분명한 의지를 보여 주시기 위해서입니다. 우리는 모두 아골 골짜기의 죄인입니다. 우리가 돌에 맞아 죽을 수밖에 없을 때 우리 대신 예수 그리스도가 죄의 형벌을 지셨습니다.

삼위일체 하나님은 성부, 성자, 성령이 하나의 아름다운 공동체를 이루고 있다는 의미입니다. 이는 기독교 공동체의 근원으로서, 가장 완전한 공동체를 신학적으로 삼위일체 하나님에게서 찾습니다. 삼위 하나님 중에서 성자 예수님이 죄를 짊어지셨을 때 나타난 것이 십자가의 형벌과 저주였습니다. 즉 아버지께 버림당함, 철저한 고립이었습니다. 우리는 이처럼 하나님이 죄를 얼마나 철저하게 다루시는지를 알아야 합니다. 아골 골짜기에서 아간이 돌에 맞아 죽을 때 이스라엘 백성은 자기들의 죄와 아픔이 마음속에 떠올랐을 것입니다. 죄는 우리가 속한 공동체가 하나님의 백성이 되는 데 방해가 된다는 사실을 알아야 합니다.

그렇다면 아골 골짜기에서 돌에 맞아 죽은 아간처럼, 예수 그리스도가 십자가에서 나를 대신해 죄의 저주를 받으셨다는 사실을 믿는 우리가 해야 할 일은 무엇일까요? 우리는 그리스도의 보혈에 감격하고, 죄인인 나를 용서하시고 보혈로 나를 구속해 주신 하나님께 감사를 드리며, 더는 죄를 짓지 않기 위해 하나님의 도우심을 끊임없이 구해야 합니다. 우리에게는 죄를 이길 능력이 없습니다. 주님 안에 있을 때 비로소 죄를 이길 수 있습니다. 또한 우리는 하나님의 공동체 안에서 한 사람이 실족하지 않도록 서로 붙잡아 주고 기도해야 합니다. 세상 사람이 모두 정죄할지라도 그에게 하나님의 긍휼과 자비가 임하도록 도와주어야 하는 것입니다.

날마다 하나님께 공급받으라

세 번째로 영적 전쟁에서 승리할 수 있는 요소는 지속적으로 하나님께 공급받는 것입니다. 아간으로 인한 아이성 전투에서의 실패는 여호수아에게 큰 깨달음을 주었습니다. 이 일은 필요한 물건을 취한 것에서 비롯한 사건으로 아간 한 사람만의 문제가 아니라, 누구든지 아간이 될 수 있기에 우리의 문제라고 인식했습니다. 우리도 필수품을 갖기 원합니다. 그러나 그 마음이 커지면 하나님이 우리에게 주신 사명을 잃어버릴 수 있습니다. 그러므로 하나님이 주신 사명을 끝까지 지키기 위해 우리가 해야 할 일은 날마다 재충전하는 것입니다. 무엇으로 재충전해야 할까요?

가장 먼저, 하나님의 언약의 말씀으로 우리 자신을 재충전해야 합니다. 여호수아는 백성과 함께 길갈로 돌아왔습니다.

길갈에는 재충전의 시스템인 12개의 돌들이 있었습니다. 하나님은 이스라엘 백성이 요단강을 건널 때 강바닥에 있는 돌을 각 지파마다 하나씩 들고 와서 길갈에 쌓으라고 말씀하셨습니다. 언약의 돌을 보며 이스라엘 백성은 하나님의 언약과 은혜를 떠올릴 수 있었습니다. 그들이 여기까지 올 수 있었던 것은 전투력이 뛰어나거나 좋은 동역자가 있었기 때문이 아닙니다. 오로지 하나님의 언약 덕분이었습니다.

　이전에도 언약 때문에 승리하게 하신 하나님이 지금까지 언약을 따라 인도하셨고, 앞으로도 계속해서 인도하실 것이라는 확신이 우리에게 끊임없이 공급되지 않으면 우리는 다른 길로 갈 수밖에 없습니다. 그래서 매일 하나님의 말씀이 우리 속에 공급되어야 합니다. 그렇지 않으면 우리는 낙담하고, 절망하며, 나도 모르게 교만해집니다. 요단강을 건너온 일을 당연하게 여기게 되는 것입니다.

　오늘 하나님의 말씀이 내 속에 들어오지 않으면 내일 싸울 힘이 없습니다. 하루하루 살아가면서 하나님이 주신 언약의 말씀을 붙들지 않으면 우리에게도, 세상에도 희망이 없습니다. 우리는 약속을 따라 새로운 길을 만들어 갑니다. 믿음의 길은 개척의 길입니다. 아무도 가 보지 않은 길을 믿음으로 헤쳐 나가면서 하나님의 역사를 만들어 가는 것입니다. 그래서 하루하루 말씀을 붙들고 순종하는 작은 일이 곧 하나님의 역사를 만들어 가는 길이 됩니다.

또 재충전해야 하는 것은 하나님 앞에서 우리의 정체성입니다. 우리는 하나님이 어떻게 내 인생을 이끌어 오셨는지, 우리가 어떤 자리에 있었는지를 늘 기억하며 살아야 합니다. 그러나 연약한 우리는 그 사실을 자주 잊어버립니다. 하나님은 이스라엘 백성에게 "나는 너를 애굽 땅, 종 되었던 집에서 인도하여 낸 네 하나님 여호와라"(신 5:6)라고 말씀하시면서 우리의 과거를 반드시 기억하라고 하셨습니다. 원래 신분이 해방될 수 없는 종이요, 죄와 허물로 이미 죽은 존재, 이리저리 떠도는 나그네였음을 잊지 말라는 의미입니다.

전쟁에 나가지만 왜 전쟁에 나가는지 모르고, 열심히 살지만 무엇을 위해 사는지 모르고, 직분을 받았지만 하나님이 왜 내게 직분을 주셨는지 모르면 어떻게 됩니까? 모든 것이 자기 권한이고 업적인 줄 착각하게 됩니다. 하나님이 우리에게 생명과 복을 주신 이유는 하나님의 이름이 거룩히 여김을 받게 하는 사명을 이루게 하시기 위해서입니다. 즉 하나님이 통치하시는 나라가 우리의 마음과 가정과 교회와 세상에 이루어지게 하는 것이 우리의 사명인 것입니다.

이 사실을 잃어버리면 가정도, 직장도, 우리 삶의 현장도다 무너집니다. 우리의 사명은 조건과 시간을 따지지 않습니다. 우리는 어떤 상황에서도 하나님이 주신 사명을 갖고 살아야 합니다. 그렇지 않으면 정체성을 잃고 현실에 안주해 버리고 맙니다. 그것은 곧 죄의 길을 걷는 것입니다. 날마다 사명으로 살지 않으면 나도 모르는 사이에 정죄하고, 비난하고, 미워하고, 욕심과 필요를 따라 살게 됩니다. 내 필요와 욕심을 따라 살 때 우리는 공동체에 하나님이 원하시지 않는 죄를 퍼뜨린 아간처럼 되는 것입니다.

마지막으로 재충전해야 하는 것은 보혈입니다. 이스라엘 백성은 유월절을 지키며 그들 스스로 여기까지 올 수 없었음을, 피의 값을 치렀기에 지금의 삶이 가능하다는 사실을 기억했습니다. 마찬가지로, 우리는 예수 그리스도의 보혈이 없다면 여기까지 올 수 없는 존재입니다. 예수님이 나를 살리기 위해 죄의 값을 치르시고 나를 부르셨다는 사실을 깨달을 때 우리는 겸손할 수밖에 없습니다. 그러면 내 속에 감사가 넘칩니다.

감사는 어려운 인생을 헤쳐 나가는 데 굉장히 중요한 도구입니다. 감사는 어려움을 극복하는 힘입니다. 우리가 하루하루 전쟁 같은 이 세상에서 얼마나 고되게 살아갑니까? 우리를 주저앉게 하고, 낙담하고 좌절하게 만드는 세상을 이길 수 있는 힘은 우리 속에 가득 찬 하나님을 향한 감사뿐입니다. 나의 죄를 사하시고 나를 자녀 삼아 주신 하나님께 감사하는 마음이 내 마음속에 넘칠 때 우리는 어려움을 이길 수 있습니다.

캄캄한 터널을 지날 때 눈앞에 보이는 것은 어둠뿐이지만 한 걸음씩 나아가면 마침내 밝은 빛이 들어오는 입구에 다다릅니다. 마찬가지로, 주님의 선하심을 믿는 모든 이들에게는 절망 속에서도 회복이 싹트고 있습니다. 우리는 힘들지만 오늘도 희망을 향해 나아가고 있습니다. 하나님이 우리에게 주시는 밝은 내일을 믿고 오늘도 한 걸음씩 내딛는 우리가 되기를 바랍니다.

06

나의
힘으로
죄를
이길 수 없다

_ 겸손히 하나님을 초청하기

시 51:1-19

자신을 돌아보는 기회

우리는 죄를 짓는 완전하지 않은 존재이기에 실패할 수밖에 없습니다. 그런데 우리는 그동안 살아온 인생에 약간의 완벽함이 있어서 자신이 연약한 존재인 줄도 모르고 자만해지곤 합니다. 그러면 실패할 수밖에 없고 스스로 잘못하고 있다고 깨닫기조차 정말 어렵습니다. 다윗도 마찬가지였습니다. 숱한 어려움 가운데서도 하나님만을 의지하며 믿음 안에서 살아왔고, 그로 인해 승리의 길을 걸었기에 자기 삶이 잘못되었다고 마음 깊이 생각하지 않았습니다. 그러나 자기 앞에 문제가 구체적으로 드러났을 때 비로소 자기 자신을 돌아보았습니다.

우리는 사업이 실패하거나 인간관계에서 여러 가지 어려움을 만날 때 그제야 나 자신에게 문제가 있는지를 돌아보게 됩니다. 사실 우리는 내적으로 부패했기 때문에 실패와 어려움을 당할 수밖에 없습니다. 그럼에도 스스로 완벽하다고 여기면 자만해지고, 그래서 남을 비판하고, 정죄하며, 미워하게 됩니다. 이처럼 수시로 잘못된 길을 갈 수 있는 가능성을 지닌 우리에게 하나님이 주신 은혜가 있습니다. 어떤 순간에는 내 죄가 너무 깊은 것처럼 느껴져 다시는 회복할 수 없을 듯 느껴지는 상황에서조차 하나님은 다시 돌이킬 수 있는 회복의 길을 만들어 주셨습니다. 우리를 회복시키시는 하나님이 우리를 위해 예비하신 회복의 길은 무엇일까요?

용서와 회개라는
회복의 길

하나님이 우리에게 주신 회복의 첫 번째 길은 용서입니다. 살면서 용서를 구해야 할 수도 있고, 용서해야 할 때도 있습니다. 용서를 구하지 않을 만큼 교만하고 자만한 사람은 없고, 용서하지 않을 만큼 잔인하고 인정이 없는 사람은 없습니다. 모든 것이 하나님의 방법입니다. 하나님은 용서라는 과정을 통해 우리의 삶을 다시 시작할 수 있게 해 주셨습니다. 용서하지 않으면 과거에서 떠나지 못하고, 나 자신을 잘 보지 못하며, 자유롭지 못합니다. 따라서 과거를 과거로 보내는 힘은 굉장히 중요합니다. 하나님이 새 날을 주셨는데 어제의 상처와 아픈 기억을 가지고 그대로 살면 오늘은 결코 밝은 날이 될 수 없습니다. 어제는 어제 일로 보내고, 새 날인 오늘은 어떻게 살 것인지를 기대할 수 있도록 하나님이 주신 방법이 용서입니다.

그런데 용서가 잘 안 됩니다. 그래서 우리는 하나님 앞에 용서하는 마음을 달라고 구해야 합니다. 예수님은 주기도문에서 "우리가 우리에게 잘못한 사람을 용서하여 준 것같이 우리 죄를 용서하여 주시고"라고 구하라고 말씀하셨습니다. 용서는 우리의 삶과 인간관계를 날마다 새롭게 시작하게 하시는 하나님의 은혜의 방편입니다.

두 번째로 하나님이 우리를 회복하시는 방법은 회개입니다. 우리가 하나님과의 관계에서 어떻게 돌이킬 것인지를 고민할 때 하나님은 회개라는 길을 열어 주셨습니다. 아들을 십자가에 못 박아 죽이기까지 우리를 사랑하신 하나님 앞에서 우리는 얼마나 부끄럽게 살아갑니까? 날마다 하나님을 배신하며 그분을 서운하게 해 드릴 때가 많습니다. 하지만 완전하신 하나님은 우리를 정말 사랑하십니다. 우리가 죄인 되어 연약할 때, 하나님과 원수 되었을 때도 그분은 우리를 포기하지 않고 길이 참으며 기다려 주셨고, 오늘도 죄인이나 의인이나 똑같은 은혜를 베풀어 주십니다.

하나님이 우리를 회복하시는 첫 번째 방법인 용서도 힘들지만 회개도 정말 어렵습니다. 그러나 하나님께 돌아가는 길을 모르면 하나님과의 관계를 회복할 수가 없습니다. 회개와 관련해 흔히 가룟 유다와 베드로의 이야기를 많이 합니다. 베드로는 하나님의 말씀이 그 속에 있었고 주님과 교제하면서 늘 함께했기 때문에 하나님께로 돌아가는 길을 알았습니다. 베드로는 실패 때문에 오히려 더 아름답게 쓰임 받는 사람이 되었습니다. 한편 가룟 유다는 어쩌면 양심적인 사람일 수도 있습니다. 그는 자신의 행위에 책임을 진다며 스스로 목숨을 끊었습니다. 그러나 죽는다고 문제가 해결되거나 책임을 질 수 있는 것은 아닙니다.

다윗은 죄를 저질렀습니다. 전쟁에서 승승장구하던 중 왕궁에서 늦게 일어난 어느 날 왕궁 옥상에서 거닐다가 우리아의 아내 밧세바가 목욕하는 장면이 보였고 탐욕이 일어났습니다. 사무엘하 11장 2절은 "심히 아름다워 보이는지라"라는 말씀으로 정욕에 빠진 다윗의 모습을 표현하고 있습니다. 결국 다윗은 우리아의 아내 밧세바를 범하게 되었습니다. 그런데 성경학자들은 다윗이 밧세바를 충동적으로 한 번만 범했다고 보지 않습니다. 그 죄가 계속되었기에 밧세바가 임신까지 하게 되었다고 본 것입니다. 충동적으로 죄를 범하고 돌이키는 일은 결코 쉽지 않습니다.

밧세바가 임신을 하자 다윗은 덜컥 겁이 났습니다. 그래서 전쟁터에 있는 밧세바의 남편인 우리아 장군을 불러 여러 가지 방법으로 회유해 아내와 동침하게 하려고 계획을 짰습니다. 하지만 우리아는 부하들은 전장에서 죽어 가고 있는데 자신은 집에 들어가서 안락하게 쉴 수 없다며 밖에서 잤습니다. 결국 다윗은 묘안 끝에 최후의 방법으로 그를 최전선으로 보내 죽게 했습니다.

그렇게 얼마간의 시간이 지났습니다. 다윗은 죄를 짓고도 별다른 의식 없이 살아갔습니다. 그때 하나님이 보내신 나단 선지자가 와서 비유를 통해 다윗의 죄를 일깨워 주었습니다. 그런데 그때 다윗은 자신의 죄를 발견할 뿐만 아니라 자신의 존재의 근원이 죄인이라는 사실을 알게 되었습니다. 놀랍게도 다윗은 이 사건을 통해 굉장히 많이 성숙했습니다. 물론 하나님은 죄의 대가를 물으셨습니다. 죄는 무서운 것이니 다시는 이 죄를 반복하지 말라는 의미에서였습니다. 죄를 용서받으면 모든 것에서 자유롭다고 하는데 사실은 그렇지 않습니다. 하나님은 우리에게 죄의 결과를 분명히 물으십니다.

사실 죄의 쾌락이 얼마나 달콤합니까? 인간은 조금만 어려우면 죄에 빠져 버립니다. 하지만 죄 때문에 심하게 고생을 하고 나면 그 죄가 보기도 싫어집니다. 그때 '아, 나는 죄인이구나. 내가 죄를 지었기 때문에 죄인이 아니라 내 본성이 죄인이구나'라는 사실을 깨닫게 됩니다. 이 사실을 아는 사람에게는 자신을 살피는 겸손함이 생깁니다.

그런데 잘못된 행위 하나만을 죄로 여기면 다른 것들은 의롭다고 생각하게 돼 내면에 교만이 생깁니다. 다윗은 자신의 전 존재, 즉 존재 자체가 죄 덩어리임을 깨달았습니다. 그러면 어떻게 될까요? 하나님의 도우심을 구하게 됩니다. 다윗은 밧세바와 동침한 후 선지자 나단이 그에게 왔을 때 "하나님이여 내 속에 정한 마음을 창조하시고 내 안에 정직한 영을 새롭게 하소서"(시 51:10)라고 고백하며 기도했습니다. 다시 말해, "주여, 제 마음을 새롭게 해 주시지 않으면 저는 살 수 없습니다"라고 절박하게 부르짖었던 것입니다. 그 후 다윗은 다시는 그 죄를 짓지 않았습니다. 그리고 어떤 어려움과 환경 속에서도 하나님을 붙들고 의지했습니다. 그 이유는 자신이 죄인이라는 사실을 알았기 때문입니다.

죄는 나를 발견하게 하는 거울처럼 매우 중요한 역할을 합니다. 거울을 보면서 '나는 죄인이구나. 하나님이 날마다 나를 씻어 주시지 않으면 나는 죄로 얼룩질 수밖에 없는 존재구나. 하나님이 나를 붙들어 주시지 않으면 나는 똑같은 죄를 다시 범할 수밖에 없구나' 하고 깨달으면서 언제나 자신을 살피는 겸손함이 생기는 것입니다.

베드로는 신념이 매우 강한 사람이었습니다. 대부분의 사람들은 신념이 생계와 가정 문제와 부딪치면 대체로 신념을 버립니다. 자기 이익과 관련된 일 앞에서도 신념을 내던집니다. 그런데 베드로는 자기 신념을 위해 배와 그물과 가족을 버렸습니다. 옳은 일을 위해 인생에서 가장 포기하기 어려운 것을 내버린 그를 사람들은 존경했습니다.

그래서 베드로는 주님이 떠난다고 하실 때 아주 불쾌하게 생각해 항변했습니다(막 8:32). 그런데 그런 그가 여종의 질문 몇 마디에 무너졌습니다. 예수님이 말씀하신 대로 닭이 울 때 나가서 슬피 울면서 '내가 잘못 생각했구나. 나는 이럴 수밖에 없는 인생이구나' 하고 자기 존재의 실체를 보았던 것입니다. 그 후 예수님은 베드로에게 어떻게 하셨습니까? 그가 가장 약하고 비참할 때 찾아가 "내 양을 먹이라" 하고 부탁하셨습니다(요 21장). 이 말씀은 "네 힘을 의지하지 말라"는 것이었습니다.

죄는 자체적으로 방어성을 가지고 있습니다. 그것을 '방어기제'라고 하는데, 죄는 쉽게 발견되지 못하도록 우리의 마음속에 교묘하게 숨어 있습니다. 그래서 우리가 죄를 지었다는 사실을 미처 깨닫지 못하는 것입니다. 즉 우리는 날마다 성령이 나단 선지자같이 나의 존재를 보여 주시지 않으면 스스로 죄인인 줄 모르는 채 맞은 데 또 맞고, 헐은 데 또 헐 수밖에 없는 인생입니다. 죄 속에는 반드시 사탄이 숨어 있습니다. 사탄이라는 존재는 실체가 드러나면 그때부터 힘을 잃습니다.

인생에서
가장 귀한 것

한편 다윗을 통해서 우리는 죄의 열매가 분명히 존재한다는 사실을 알 수 있습니다. 죄에는 죄의 행위가 있고, 죄의 열매가 있고, 죄의 감정(죄책감)이 있습니다. 우리가 느끼는 감정 중에서 가장 고통스러운 것이 죄책감입니다. 그리고 죄의 습관이 있습니다. 죄를 반복해서 지으면 내 속에서 구조를 만드는데, 그것이 습관입니다. 죄짓는 구조를 만들어 놓으면 어느새 사탄이 시키는 대로 하게 됩니다. 사탄은 우리의 성품과 생각속에 죄짓는 교두보를 심어 두었습니다. 사탄의 조종에 휩쓸려 죄를 반복해서 지으면 악인의 꾀를 따르다가, 죄인의 길에 서다가, 오만한 자의 자리에 앉게 됩니다(시 1:1). 그러다가 결국 그 자리에 앉아 있다는 사실조차 잊게 됩니다. 그만큼 죄의 습관과 구조는 무서운 것입니다.

다윗은 죄로 인해 초래된 결과까지 포함해 모든 죄를 회개했습니다. "하나님, 제게는 죄를 짓고 싶어 하는 죄성이 있습니다. 죄의 근원이 있습니다. 죄의 결과가 있습니다. 죄가 만들어 낸 열매가 있습니다. 제 속에는 죄를 짓고 싶어 하는 구조와 습관이 있습니다" 하고 죄에 대해 깊이 깨달았던 것입니다. 그러고는 "우슬초로 나를 정결하게 하소서 내가 정하리이다 나의 죄를 씻어 주소서 내가 눈보다 희리이다"(시 51:7)라고 주님께 간구했습니다.

내가 지은 죄의 행위를 회개하면 그 행위 하나를 용서받을 수 있다고 생각해서는 안 됩니다. 그것은 '인간은 존재 자체가 죄인'이라는 큰 전제에 대한 깨달음을 잃어버린 것입니다. 다윗은 자신이 지은 죄로 인해 잃어버린 것이 무엇인지를 돌아보았습니다. 자신이 그 어둡고 힘든 길을 걸으며 지금까지 잘 버틸 수 있었던 이유가 무엇인지를 살펴보았습니다. 그 힘은 바로 주의 성령의 함께하심, 주의 구원의 즐거움이었습니다.

그런데 죄를 짓고 나니 지금까지 인생을 살아가게 한 구원의 기쁨이 사라지고 말았던 것입니다. 자신이 잘나고 똑똑해서가 아니라, 구원의 즐거움이 있고 주의 성령이 동행하며 깨닫게 하신 은혜 덕분에 죄로 인해 그 모든 것을 잃어버린 아픔을 깨닫게 되었던 것입니다.

지금까지 우리를 살아오게 한 것이 무엇일까요? 명석한 두뇌, 풍부한 소유, 넉넉한 성품입니까? 아닙니다. 우리는 은혜로 살아왔습니다. 그래서 다윗은 죄를 회개하면서 왕위와 체면 따위를 구하지 않았습니다. "나를 주 앞에서 쫓아내지 마시며 주의 성령을 내게서 거두지 마소서 주의 구원의 즐거움을 내게 회복시켜 주시고 자원하는 심령을 주사 나를 붙드소서"(시 51:11-12). 인생에서 가장 귀한 것을 구했습니다.

죄에 대한 용서를 구하고 용서받은 인생이 주님 앞에 거하면 사명이 생깁니다. 다윗 역시 이렇게 고백했습니다. "그리하면 내가 범죄자에게 주의 도를 가르치리니 죄인들이 주께 돌아오리이다"(시 51:13). 다시 말해, "이제 저는 죄가 얼마나 무서운지, 그것이 인생과 인간관계를 얼마나 힘들게 만드는지를 죄인들에게 전하고 복음을 증거하며 살겠습니다"라고 고백했던 것입니다.

그리고 용서받은 사람들은 예배를 회복합니다. 중심을 다해 주 앞에 예배를 드리게 되는 것입니다. 만약 예배가 소홀해진다면 삶 속에 심각한 문제가 있는 것이라고 할 수 있습니다. 그러므로 '예배가 내 인생을 바꿀 수 있다'는 진지함을 가지고 하나님 앞에 나가십시오. 중심을 보시는 하나님이 우리가 드리는 예배를 회복시켜 주실 것입니다.

시편 32편 1절에서 다윗은 "허물의 사함을 받고 자신의 죄가 가려진 자는 복이 있도다"라고 고백했습니다. 우리도 다윗처럼, 우리의 참된 복이 허물이 사함 받고 죄가 가려지는 것이라는 영적인 사실을 깨닫고 오늘도 회개하면서 하나님 앞으로 나아갈 수 있기를 바랍니다.

07

열매를
맺고 싶다면
말씀을
붙들어라

_ 말씀에서 길 찾기

시 1:1-6

복 있는 사람의
삶의 모습

인생이 너무 힘들고 괴로울 때는 '하나님이 정말 우리에게 복 주기를 원하시는가?'라는 의문이 듭니다. 인생의 거친 바람은 정말 쉴 새 없이 불어오는 듯합니다. 시련과 환난을 주시는 하나님의 의도와 뜻은 과연 무엇일까요? 그런데 우리가 신앙생활을 하면서 분명히 알아야 할 것은, 주님은 하나님을 믿으면 고통이 없다고 말씀하신 적이 한 번도 없다는 사실입니다. 그 대신 "세상에서는 너희가 환난을 당하나 담대하라 내가 세상을 이기었노라"(요 16:33)라고 말씀하셨습니다. 하나님은 우리에게 시련과 어려움을 이길 힘을 주시고, 우리는 하나님이 공급해 주시는 힘으로 주님께 더 가까이 가고, 그로써 하나님이 우리를 더 아름답게 만들어 가시는 것입니다. 하나님의 백성을 축복하기 원하시는 하나님의 마음을 엿볼 수 있는 구절이 민수기 6장 24-26절에 나옵니다. "여호와는 네게 복을 주시고 너를 지키시기를 원하며 여호와는 그의 얼굴을 네게 비추사 은혜 베푸시기를 원하며 여호와는 그 얼굴을 네게로 향하여 드사 평강 주시기를 원하노라."

시편 1편은 시편 전체의 서론입니다. 집 대문마다 달려 있는 문패처럼, 시편의 문패는 '복 있는 사람'인 것입니다. '복 있는 사람'은 히브리어로 '아쉬레이 하이쉬'인데, '아쉬레이'는 단순한 단어가 아니라 특수 단어입니다. 구약에 약 45회 나오는데 시편에만 26회 기록되어 있습니다. 주로 지혜서를 중심으로 쓰였습니다. 그렇다면 복 있는 사람이란 어떤 사람일까요?

복 있는 사람은 지혜로운 사람입니다. 지혜는 문제와 어려움이 끊임없이 다가오는 이 세상에서 방황하지 않고 하나님의 뜻을 따라 선택하며 아름답게 살아갈 수 있는 자세와 능력을 의미합니다. 일반 행복학이나 자기계발서를 봐도 인생의 행복과 불행은 자신에게 일어난 일을 어떻게 받아들이고 선택하느냐에 따라 달라진다고 말합니다.

신앙의 변화는 곧 관점의 변화라고 할 수 있습니다. 관점의 변화는 관계의 변화로 이어집니다. 예를 들어, 아내와 남편을 바라보는 관점이 긍정적으로 바뀌면 관계가 좋아지기 마련입니다. 또한 관계의 변화는 자기 내면의 인격의 변화로 이어집니다. 그러므로 만약 예수를 믿는데도 인격이 바뀌지 않으면 사실상 말씀이 삶에 주입되지 않고 있다고 볼 수 있습니다. 자기가 편한 대로 사는 삶에 신앙생활 하나를 덧붙여서 사는 것이지, 그 삶 가운데 정말 놀라운 역사가 일어나는 인격의 변화는 일어나지 않는 것입니다. 한마디로 껍데기 신앙이요, 무늬만 그리스도인일 뿐입니다.

하나님은 우리를 복 받을 만한 인격을 갖춘 사람으로 만들어 가십니다. 이 또한 하나님이 우리에게 복을 주시는 중요한 방편입니다. 하나님은 우리에게 기도 응답이나 필요한 것을 즉시 주시기도 하지만, 먼저 복을 받을 만한 인격으로 훈련시킨 뒤에 주시기도 합니다. 하나님의 훈련을 받기 위해서는 먼저 삶의 자세와 문제를 보는 관점을 바꾸는 것이 중요합니다. 그러려면 나의 생각이 하나님의 말씀에 근거하고 있어야 합니다. 사실 우리의 본성대로 살아서는 하나님의 말씀에 근거해 생각할 수가 없습니다.

시편 1편을 보면 두 가지 표현이 나옵니다. '의인의 길'과 '죄인의 길'입니다. 두 길을 구분하는 기준은 도덕적이고 윤리적으로 선함이 아닙니다. 하나님을 진실로 믿고 그분이 계시다는 것을 근거로 살아가는 사람이 의인이라면, 죄인은 아무리 착할지라도, 심지어 교회에 다니고 직분이 있어도 그 속에 살아 계셔서 함께하시고 심판하시는 하나님이 없는 사람을 의미합니다. 구체적으로 비교해 보면 이렇습니다. 의인은 우리의 삶을 풍성하게 하고 생명을 살리는 과일이고, 악인은 바람 한 번 불면 사라지고 마는 허무한 겨와 같습니다. 의인은 시냇가에 심은 나무요, 악인은 사막의 가시떨기 나무와도 같습니다. 이처럼 둘은 뚜렷하게 비교됩니다.

　이 세상은 광야와도 같아서 어디로 가야 할지, 무엇을 해야 할지 알기 어렵습니다. 인생에 문제가 닥치면 어떻게 풀어야 할지 모를 때가 많습니다. 그렇다면 우리는 문제와 어려움을 만나면 어떤 자세를 가져야 할까요? 어떻게 해야 지혜로운 사람, 복 있는 사람으로 살 수 있을까요?

말씀을 따르는 사람이
누리는 복

복 있는 사람은 하나님의 말씀에 근거해서 생각하고, 받아들이며, 선택합니다. 우리가 예수 그리스도를 나의 구세주와 주님으로 받아들일 때 우리 안에 전제된 사실이 하나 있습니다. 바로 인간은 전적으로 타락한 존재라는 것입니다. 그래서 죄에 대해 절망하고 자기 자신에 대해 좌절하는 것이 신앙인이 가장 먼저 갖는 생각입니다. 아무리 내가 의롭고, 옳고, 바를지라도 근원인 뿌리가 이미 부패했기 때문에 우리의 모든 생각과 선택은 결국 우리를 부패하고 더러운 곳, 하나님과 상관없는 곳으로 인도하게 되어 있습니다.

하지만 지혜로운 사람, 하나님의 사람은 하나님의 말씀에 자기 생각과 삶의 근거를 둡니다. 바울은 디모데에게 하나님의 말씀인 성경을 다음과 같이 설명했습니다. "성경은 능히 너로 하여금 그리스도 예수 안에 있는 믿음으로 말미암아 구원에 이르는 지혜가 있게 하느니라 모든 성경은 하나님의 감동으로 된 것으로 교훈과 책망과 바르게 함과 의로 교육하기에 유익하니 이는 하나님의 사람으로 온전하게 하며 모든 선한 일을 행할 능력을 갖추게 하려 함이라"(딤후 3:15-17). 여기서 '구원'은 전적인 구원을 의미합니다. 이 말씀은 삶을 성숙하고 아름답게 만들어 주는 모든 지혜가 말씀 속에 들어 있다는 뜻입니다. 그리고 내 삶과 인격에 실패와 어려움과 고통이 찾아올지라도 하나님의 말씀대로 살면 회복된다고 말합니다.

성경을 보면 내가 무엇을 잘못하고 있는지, 어떻게 해야 회복될 수 있는지를 알 수 있습니다. 하나님의 말씀은 우리의 인격과 삶을 온전하게 할 뿐 아니라 고장난 곳을 바로잡아 제대로 사용할 수 있게 해 주고, 선한 일을 행할 수 있는 능력을 갖추어 주기 때문입니다.

그렇다면 말씀에 근거한 사람은 어떤 사람일까요? 그는 자기의 부족한 인생을 통해 온전히 새롭게 완성되어 가는 사람입니다. 선하고 복된 일을 할 수 있는 능력이 그 속에 생겨서 선한 일을 행하는 사람입니다. 따라서 우리는 하나님을 즐거워하여 주야로 말씀을 묵상해야 합니다. 말씀을 대충 읽지 말고 깊이 묵상하면서 삶에 적용해야 합니다. 그리고 말씀을 암기해야 합니다. 그러면 그 말씀이 실존적인 문제와 부딪힐 때, 결국 말씀대로 살아가게 됩니다.

말씀대로 살아가는 사람에게 어떤 일이 일어날까요? 첫째, 악인의 꾀를 좇지 않게 됩니다. 사탄은 매우 간사해서 광명의 천사로 위장해서 우리를 유혹합니다. 그러므로 위장한 사탄을 우리가 분별해 낼 방법이 없습니다. 가룟 유다에게 생각을 집어넣어서 예수님을 팔아먹게 했을 정도로 사탄은 매우 지성적이고, 이성적이고, 감성적이고, 의지적인 존재입니다. 그런데 하나님의 말씀에 근거하면 사탄을 분별할 수 있습니다. 그리고 내가 아무리 논리적으로 옳고 의롭더라도 나 자신의 근원이 부패했다는 사실을 깨달아 겸손해질 수 있습니다.

성경의 위인인 다윗도, 베드로도 이 사실을 깨달았습니다. 어느 순간 그들은 자기가 대단한 사람인 양 착각했습니다. 하지만 작은 일에 넘어지고 쓰러지면서 스스로 얼마나 연약한 존재인지를 깨달았고, 그때부터 삶이 변했습니다. 하나님이 쓰시기 시작한 것입니다. 죄인이라는 본질을 깨닫지 못한 채 인생을 마감하면, 이처럼 억울한 일이 또 없습니다. 그러므로 우리는 말씀을 근거로 내 생각과 말과 행동을 잘 분별해야 합니다. 혹시 사탄이 내게 무슨 생각을 넣어 주는지를 살펴야 합니다.

둘째, 하나님의 말씀대로 살아가는 사람은 죄인의 길에 서지 않습니다. 행동을 절제할 수 있는 능력이 생기는 것입니다. 하나님의 말씀이 기준이 되면 내 삶의 방향이 죄를 짓는 쪽으로 기울지 않습니다.

죄인의 길에 서지 않는 것, 죄짓는 자리에 가지 않는 것, 오만한 자의 자리에 앉지 않는 것이 무엇입니까? 반대로 생각하면 쉽습니다. 어떤 사람은 인격과 습관이 죄를 좋아하고 기뻐해서 스위치를 꽂으면 바로 죄와 연결됩니다. 그래서는 안 된다는 것입니다. 그리스도인인 우리의 삶은 성령의 도구로 사용되어야 합니다. 하나님의 말씀을 알고 그 말씀을 순종할 때 환경의 변화, 삶의 변화가 시작됩니다. 말씀대로 살면 비록 내 인생이 광야처럼 메마르고 보잘것없을지라도 하나님이 그 가운데 물길을 내어 물이 흐르게 하십니다. 하나님이 불가능해 보였던 축복의 열매를 맺게 해 주시고, 자기만 아니라 다른 사람까지도 유익하게 하는 인생으로 바꾸어 가시는 것입니다.

셋째, 하나님의 말씀대로 살아가는 사람은 삶의 열매를 맺습니다. 시절을 좇아 과실을 맺는다는 뜻입니다. 간혹 젊을 때는 좋은 열매를 맺었는데 나이가 들어서 엉뚱한 열매를 맺는 사람들이 있습니다. 우리는 인생의 연륜과 환경과 상황에 따라 마땅히 맺어야 할 열매를 맺어야 합니다. 하나님의 말씀을 주야로 묵상하고 끝까지 말씀을 보고 말씀에 붙어 있는 사람은 하나님이 예정하신 축복의 열매를 맺게 될 것입니다.

넷째, 하나님의 말씀대로 살아가는 사람은 그 잎사귀가 마르지 않습니다. 아무리 태양빛이 강하게 내리쬐어도 그 잎이 청청합니다. 시련과 환난과 어려움이 닥쳐도 삶이 메마르지 않는다는 의미입니다. 어렵고 힘들어도 말씀에 근거할 때 그러한 역사가 일어납니다.

다윗은 흔들리는 인생을 살았습니다. 부모에게는 아들 대우를 못 받았고, 형들에게는 무시당했으며, 장인어른에게는

10년 이상 쫓겨 도망치며 살았습니다. 그 삶이 얼마나 고달팠겠습니까? 왕이 되리라는 소망만 있을 뿐 오랜 세월 방황했으며, 평생 피비린내 나는 인생을 살았습니다. 그런 다윗은 하나님을 향해 "여호와는 나의 반석이시요"(시 18:2)라고 고백했습니다. 자신이 가진 왕위와 평안과 능력이 자신을 반듯하게 서게 한 것이 아니라 주의 말씀이 바로 서서 가게 했다는 뜻입니다. 곧이어 "나의 요새시요"라고 고백한 이유도 주님이 자신을 지켜 주신다고 확실히 믿었기 때문입니다. 다윗은 하나님을 향한 굳건한 믿음 때문에 극심한 고난과 시련에도 흔들리지 않고 자기 인생을 찾아갈 수 있었습니다.

살다 보면 어려울 때도 있고, 좋을 때도 있습니다. 어려운 일이 바뀌어 좋은 일이 되기도 하고, 반대로 좋은 일이 잘못해서 저주가 되기도 합니다. 축복이 축복으로 내 삶에 살아남게 하려면 내 지혜와 경험을 의지해선 안 됩니다. 우리는 오직 하나님의 말씀에 의지해 지혜롭게 처신해야 합니다. 다윗은 하나님의 말씀에 의지하며 계속해서 순종으로 나아갔고, 그의 신앙은 든든해졌습니다. 말씀대로 살면 삶에 간증이 생깁니다. 어려움을 겪는 가운데 하나님이 주시는 확신을 붙들자 믿음이 든든해지는 것입니다.

다섯째, 끝까지 말씀을 따라 순종하면 자기뿐만 아니라 후

손이 복을 받습니다. 솔로몬은 아버지 다윗의 뒤를 이어 왕이 되어 이스라엘을 다스렸으나 이방 여인들과의 통혼과 이어진 우상 숭배로 하나님의 말씀에 불순종했습니다. 하나님은 그런 솔로몬을 심판하셨습니다. 그러나 아버지 다윗을 생각하신 하나님은 "내가 반드시 이 나라를 네게서 빼앗아 네 신하에게 주리라 그러나 네 아버지 다윗을 위하여 네 세대에는 이 일을 행하지 아니하고"(왕상 11:11-12)라고 말씀하셨습니다. 축복은 절대 자기만의 것이 아닙니다. 끝까지 순종하며 말씀을 따라 살 때 하나님이 주시는 축복이 자녀와 가문으로 이어질 것입니다.

영국의 정치가 윌리엄 윌버포스(William Wiberforce)는 노예무역 제도를 폐지하기 위해 온 삶을 바쳐 살면서도 말씀을 읽는 일을 게을리하지 않았습니다. 그가 그러한 목적으로 만든 것이 클래팜(clapham) 공동체입니다. 클래팜 공동체에는 각계각층에서 일하는 유능한 사람들이 모여 교제하면서, 신앙에 대한 이야기를 나누었습니다. 특히 서로가 서로에게 신앙의 조언을 해 주면서 사회의 빛과 소금의 역할을 감당해 나갔습니다. 결국 19세기 영국에는 클래팜 공동체를 중심으로 사회 변혁이 일어났습니다.

우리에게는 이처럼 혼자 성경을 많이 읽는 것으로 끝내는 것이 아니라 말씀을 날마다 삶에 적용하기 위해 서로를 붙들어 주는 공동체가 필요합니다. 공동체 안에서 서로의 신앙을 세워 주면서 오늘 내가 가야 할 길을 더욱 명확히 발견할 수 있습니다. 하나님의 말씀을 읽고, 그 말씀을 중심으로 믿음의 교제를 나누고, 하나님의 말씀대로 살아감으로 복 있는 사람이 되는 우리가 되기를 바랍니다.

08

경건의
모양이 아니라
훈련이
필요하다

_ 공동체 점검하기

딤전 4:6-11

충만한 삶을 위한 경건의 훈련

경건의 훈련을 좋아하는 사람은 없을 것입니다. 하지만 경건을 훈련하는 사람은 인생에서 쉽게 실패하지도 않을 뿐 아니라 실패해도 빨리 회복되는 '회복 탄력성'이 굉장히 탁월합니다. 따라서 우리는 평소에 우리의 삶을 경건의 훈련으로 단련시킬 필요가 있습니다. 훈련을 잘 받기 위해서는 단순하고 지속적으로 반복하는 것 외에는 방법이 없습니다. '단순', '지속', '반복'이 훈련의 핵심입니다.

이 장의 본문인 디모데전서는 바울이 디모데에게 보낸 편지입니다. 바울은 육체의 훈련도 이 땅을 살아갈 때 유익하지만, 경건의 훈련은 금생뿐 아니라 내생에도 유익하다고 말했습니다. 즉 하나님의 약속이 준비되어 있는 축복된 삶으로 인도하기에 경건을 훈련하라고 권한 것입니다. 지식적으로 아무리 많이 알아도 삶 가운데 구체적으로 적용하는 훈련을 계속하지 않으면 내 것이 될 수가 없기 때문입니다. 훈련이 안 되어 있으면 아무리 노력해도 잘할 수가 없습니다. 내가 경건의 삶을 살기 위해서는 구체적으로 훈련해야 하는 것입니다.

경건이란 어떤 이상이나 이념이 아니라 생활 태도를 말합니다. 하나님을 나의 구주와 주님으로 영접하고 하나님이 내 삶의 주인이 되시는 관계가 지속되면 우리의 삶이 바뀝니다. 쉽게 말해, 그리스도인다운 삶은 살아 계신 하나님과 계속해서 교제하고 대화할 때 이루어지며, 그때 내 삶이 경건해진다는 의미입니다.

바울은 디모데전서 2장 2절에서 "이는 우리가 모든 경건과 단정함으로 고요하고 평안한 생활을 하려 함이라"라고 말했습니다. 여기서 '경건'은 '하나님과 우리의 관계'를, 단정함은 '인간관계'를 가리킵니다. 즉 하나님과의 관계를 소중히 여기면 내 삶이 바뀐다는 뜻입니다. 부부 사이도 마찬가지입니다. 서로 사랑하면 그 관계 속에서 변화가 일어나지 않습니까? 사랑하는 사람을 기쁘게 해 주기 위해서 내 생활을 바꾸게 됩니다.

사랑하면 그 변화는 불편하게 느껴지지 않습니다.

경건한 사람의
삶의 모습

예수님과의 관계가 형성되면 삶 속에 저절로 일어나는 변화가 있습니다. 바로 경건한 삶입니다. 그렇다면 경건한 사람, 경건의 훈련이 잘된 사람의 삶의 모습은 어떠할까요? 첫째, 경건한 사람은 하나님 중심으로 삽니다. 야고보서 1장 27절은 "하나님 아버지 앞에서 정결하고 더러움이 없는 경건은 곧 고아와 과부를 그 환난 중에 돌보고 또 자기를 지켜 세속에 물들지 아니하는 그것이니라"라고 말합니다. 이 말씀은 하나님과의 관계가 바로 서 있는 사람은 이 땅에서 가난하고 어려운 사람, 즉 자기 스스로 살아갈 수 없는 연약한 사람들에 대해 관심을 갖고 도우려는 마음이 그 안에 있다는 뜻입니다. 또한 그는 세속에 물들지 않도록 자기를 지킵니다. 세속이란 우리의 육체와 생각이 살아가기 편하도록 형성된 것으로서, 우리를 발악하게 만들고 병들게 합니다. 그러므로 우리는 세속에 물들지 않도록 스스로를 잘 지켜야 합니다.

이를 위해서 필요한 것이 경건의 연습입니다. 봉사하고 섬기는 훈련을 계속하는 이유가 바로 여기 있습니다. 봉사와 섬김을 본래 좋아하는 사람은 없습니다. 더 많이 모으고 소유하고 싶은 것이 인간의 본성입니다. 하지만 그럼에도 우리는 정말 도움이 필요한 사람, 외롭고 힘든 사람에게 관심을 갖고 그들을 돕는 일을 연습해야 합니다. 평소에 연습하지 않으면 도울 줄 모르는 사람이 되기 때문입니다. 그러한 사람은 자기만 알고 자기만 붙들고 살아갑니다. 그리고 우리는 우리만 아니라 자녀들이 봉사하고 섬기는 자리에 함께 설 수 있도록 훈련시켜야 합니다. 어릴 때부터 연습하면 나중에는 더 많이 나누고 베풀 줄 아는 사람이 됩니다. 이보다 훌륭한 교훈과 지혜와 습관은 없습니다.

우리가 베푸는 대상에는 물질뿐 아니라 언어도 포함됩니다. 한마디로, 상대를 배려하는 언어를 해야 한다는 의미입니다. 인간은 이기적이고 자기중심적이기에 배려하고 격려하는 말을 연습하지 않으면 잘 나오지가 않습니다. 가정에서 상대방의 마음을 공감하고 세워 주는 표현을 연습해 보십시오. 방법이 어떠하든지 경건의 훈련을 계속하는 것이 중요합니다.

사회 제도로는 다양한 사회 문제를 온전히 해결할 수 없습니다. 어떤 학자들이 연구한 바에 따르면, 자본주의의 모순을 극복하는 가장 중요한 방법은 기부 문화라고 합니다. 부자가 긍휼과 자비로 가난한 사람에게 자발적으로 나누는 삶 속에서 빈부의 격차를 해결할 수 있다는 것입니다. 이러한 원리는 교회에서도 마찬가지입니다. '나 같은 죄인이 어떻게 하나님의 은혜를 받았는가! 내가 지금 누리는 모든 것은 하나님이 주신 것이다'라는 믿음이 확실해질 때 내가 받은 하나님의 은혜에 감사한 마음으로 어렵고 힘든 사람들에게 도움의 손길을 베풀 수 있습니다. 내 마음을 어루만져 주신 주님의 큰 은혜를 알기에 주님의 관심이 머무는 곳, 주님이 기뻐하시는 자리에 관심을 갖고 그곳으로 향하게 되는 것입니다. 그런 의미로 우리는 주님이 가장 기뻐하시는 구제에 힘써야 합니다.

둘째, 경건한 사람은 하나님이 주신 소중한 것 때문에 썩을 것을 버릴 줄 아는 용기와 지혜가 있는 사람입니다. 본문 7절에서 바울은 디모데에게 "망령되고 허탄한 신화를 버리고 경건에 이르도록 네 자신을 연단하라"라고 권고했습니다. 허탄한 신화는 자랑하고 싶은 것으로서 인간이 도저히 떨쳐내기 힘든 대상입니다. 바울은 그런 허탄한 신화를 버리고 경건으로 스스로를 연단하라고 말했습니다. 그때 세상에서 썩을 것과 썩지 않을 것을 분별하는 하나님의 축복을 누리게 됩니다. 예를 들어, 에서는 배가 고파서 장자의 명분을 팥죽 한 그릇에 팔아 버렸습니다. 그는 하나님이 주신 장자의 축복이 얼마나 크고 놀라운지 몰랐습니다. 따라서 현실적이고, 현상적이고, 물질적인 것과 썩지 않는 영원한 하나님의 축복을 분간하지 못했습니다.

썩을 것과 썩지 않을 것을 분별하는 지혜는 하나님과의 관계에서 나옵니다. 그리고 우리 인생에서 맞닥뜨리게 되는 문제들 중 대부분은 제대로 분별하지 못하는 데서 생깁니다. 안타깝게도 많은 사람이 버릴 것을 버리고 취할 것을 취하지 못합니다. 미워하고, 증오하고, 상처받은 마음을 버리지 못한 채 꼭 품고 있습니다. 그러나 경건한 사람은 분별하고자 의지적으로 노력하고 끊임없이 연습합니다.

미국에서 가장 혁신적인 교회로 주목받는 라이프교회의 담임목사인 크레이그 그로쉘은 그의 저서 《일상의 거룩함을 회복하라》(두란노, 2013)에서 하나님과의 관계를 바로 정립하기 위해서는 돈, 시간, 인간관계, 삶의 우선순위, 성 등 5가지에 대해 훈련을 하라고 말합니다. 이상 5가지는 우리의 삶을 구성하고 있는 현실적인 부분으로서, 잘 훈련될 때 일상에서 거룩함을 회복할 수 있다고 그는 이야기합니다.

돈에 대해 훈련하십시오. 많이 베풀어야 합니다. 비록 내가 손해인 것 같아도 하나님은 다 알고 계십니다. 뿐만 아니라 베풀고 나누는 삶 가운데 세상에서 값 주고 살 수 없는 진실하고 따뜻한 마음과 진정한 가치를 느끼게 될 것입니다. 시간과 삶의 우선순위에 대해 훈련하십시오. 시간은 급한 일이 아니라 중요한 일에 따라 우선순위를 정해서 사용해야 합니다. 또한 필요한 것이 아니라 나에게 유익한 것이 무엇인지를 살펴야 합니다. 인간관계를 훈련하십시오. 우리는 사람과의 관계에서 거룩한 삶을 추구해야 합니다. 세상이 좋아하는 것을 따라가지 말고 신앙고백대로 살아야 하는 것입니다. 성에 대해서 훈련하십시오. 은밀한 유혹을 주의해야 합니다. 성적으로 중독된 이 세상의 문화 속에서 구별된 삶을 살아야 합니다. 유혹을 이겨 나가는 연습은 매우 중요합니다.

경건을 훈련하는 방법

그러면 우리는 어떻게 경건해질 수 있을까요? 본문 5절에서 바울은 "하나님의 말씀과 기도로 거룩하여짐이라"라고 말했습니다. 그러므로 첫째, 말씀을 보고 기도해야 경건해집니다. 하나님과의 관계에서 실패하지 않기 위한 가장 중요한 일은 말씀과 기도가 항상 삶 속에 머물러 있게 하는 것입니다.

둘째, 좋은 영적 공동체에 소속되어 있어야 합니다. 앞서 언급했듯이 노예무역 제도 폐지를 위해 힘쓴 윌리엄 윌버포스도 사명이 너무 크고 홀로 감당하기 버거워서 클래팜 공동체를 만들었습니다. 그는 공동체에서 매일 말씀을 묵상하고 기도하면서 하나님이 주신 사명을 최선을 다해 이루어 나갔습니다. 그는 영국의 노예무역 제도를 폐지하기까지 무려 56년간 문제 해결을 위해 말씀에서 떨어지지 않았고 기도도 포기하지 않았습니다.

주변에 하나님이 나에게 행하기 원하시는 것이 무엇인지를 분별해 일깨워 주는 친구들이 있습니까? 우리는 좋은 친구와 나쁜 친구를 분별해서 사귀어야 합니다. 또한 잠자는 나를 깨워 주고 내가 하나님의 말씀 앞에 설 수 있도록 도와주는 지혜로운 공동체에 속해 있는지 점검해 보십시오. 나에게 용기를 주고 믿음으로 격려하는 공동체라면 얼마나 좋겠습니까? 하지만 만약 내가 속한 공동체와 주변 친구들이 반대의 길을 걷고 있다면 언제든지 끊어 내십시오.

셋째, 경건을 의지적으로 단순, 반복, 지속적으로 훈련해 습관화해야 합니다. 습관이 되면 불편하지 않습니다. 어려운 사람을 위해서 돈을 쓰는 것도 습관이 되어야 합니다. 심지어 하나님 앞에 예물을 드리고 감사하는 일도 계속 훈련해야 합니다. 힘들고 부담되면 적은 금액, 내가 할 수 있는 단계부터 시작하십시오. 비록 힘들지만 우리가 거룩한 습관을 세우는 훈련을 할 때 하나님이 주시는 은혜는 정말 큽니다.

가짜로 신앙생활을 하기란 오히려 힘든 일입니다. 세상 사람들이 삶의 현장에서 우리를 주시하고 있기 때문입니다. 그들은 우리를 통해 하나님을 봅니다. 어디에 있든지 하나님을 드러내는 말과 행동을 하십시오. 하나님 앞에 설 수 있도록 도와주는 공동체에서 경건을 위한 훈련을 꾸준히 해 나가십시오. 경건의 훈련으로 거룩한 영적 습관을 소유하는 우리가 되기를 바랍니다.

09

거룩한
습관이
우리를
성공케 한다

_ 성령의 사람으로 성장하기

갈 5:16-26

우리에게 주신
거룩한 사명

회개하지 않을 때 인간을 가장 파괴하는 감정은 죄책감입니다. 죄책감이 심해져서 양심에 화인을 받으면 자기도 모르는 사이에 내면에 병이 들고, 가족에게 잘못된 영향을 미쳐 영적인 어려움을 초래하게 됩니다. 또한 자기도 모르게 영적으로 하나님만 온전히 섬기는 마음이 없어지면서 마음에 평강과 기쁨이 사라집니다. 그때는 서둘러서 회개의 자리에 가서 하나님께 용서를 구해야 합니다.

그리고 내 생각의 근거가 어디에 놓여 있는지를 살펴봐야 합니다. 우리가 '내 생각이 맞다'고 생각할 때 사실 그것은 사탄이 준 생각인 경우가 많습니다. 따라서 우리는 우리 속에 생각을 심는 사탄을 조심해야 합니다. 어떠한 관점으로 보느냐에 따라 내 마음과 행동의 선택이 달라집니다. 따라서 우리는 내 안에 계신 성령이 보기 원하시는 것을 보고, 그분이 기뻐하시는 일을 해야 합니다.

우리의 생각이 시냇가에 심은 나무처럼 하나님의 말씀에 뿌리를 두고 있는지, 내 속에 계신 주의 영을 따라 주님이 보시기에 기뻐하시는 대로 행하고 있는지, 혹은 내 고집과 신념, 욕망을 따르는지를 살피는 것이 중요합니다. 주님이 우리를 목자 없는 양같이 불쌍히 여기지 않으셨다면 우리는 구원받지 못했습니다. 우리가 하나님과 원수 되었을 때도, 죄인 되었을 때도 하나님은 우리를 포기하지 않으셨습니다. 우리는 바로 그 하나님이 우리를 보시는 관점, 그분의 마음을 회복해야 합니다. 예수님의 마음입니다.

그리고 우리는 실패하지 않기 위해 거룩한 습관을 만들어야 합니다. 성령이 나를 쓰시기 위한 구조를 설치하는 것입니다. 교회가 제도를 고치는 일보다 더 중요한 것은 영적 흐름을 트는 것입니다. 이 일은 굉장히 어렵습니다. 하지만 매 순간 거룩한 습관이 생기면 성령이 우리의 삶에 역사하실 수 있는 여지가 생깁니다. 성령의 지배를 더 많이 받게 되는 것입니다. 거룩한 습관이 생기면 삶에 기쁨이 회복되고 삶이 달라집니다. 복잡하고 어려운 일이 아니라 단순한 일을 습관화하기를 시작하십시오. 우리의 거룩한 습관이 나와 가정을 넘어 사회에 영향력을 드러낼 것입니다.

인간은 끊임없이 변합니다. 그러나 역설적으로 우리는 변하지 않는 복음을 붙들기 위해 끊임없이 변해야 합니다. 성경은 우리의 내면이 변화하고 성장해야 한다고 말합니다. 요한일서 2장에는 그리스도인의 성장에 관한 이야기가 나옵니다. 사도 요한은 먼저 1절에서 "자녀들아"라고 부릅니다. 예수 그리스도를 믿는 우리는 하나님의 자녀로 태어납니다. 그런 우리 앞에는 새로운 인생이 펼쳐져 있습니다. 그다음 13절에서는 "아비들아"라고 부릅니다. 진정한 신앙을 가진 사람은 아비의 심정으로 양육합니다. 우리는 하나님의 사람을 세우고 제자를 만들어야 합니다. 또 "청년들아"라고 부릅니다. 이제는 세상에 끌려가지 않고, 사탄과의 영적 전쟁에서 승리하는 신앙인이 되어야 합니다.

교회의 지도자는 하나님이 주신 거룩한 복음과 하나님의 소망을 다른 사람에게 전할 뿐 아니라, 상대의 신앙이 자랄 때까지 양육하고 돌아보는 마음을 가져야 합니다. 그가 바로 하나님이 기뻐하시는 사람, 영혼을 살리는 사람입니다. 그렇게 하지 않을 때 직분자는 타락하고 맙니다. 직분자는 바로 이 일, 아비의 마음으로 영혼을 회복시키는 구체적인 일을 해야 합니다. 교회마다 일어나는 분쟁과 다툼은 아비의 마음이 배제된 세력 싸움일 뿐입니다.

하나님은 우리가 계속 성장하고 성숙하기를 원하십니다. 또한 하나님은 우리에게 사명을 주셔서 사명자답게 살게 하십니다. 그러므로 우리는 함부로 살 수 없고, 포기하거나 절망할 수 없습니다. 우리는 사명을 이루기 위해 하나님의 정결함과 거룩함을 나타내는 삶을 살아야 하기 때문입니다. 내 인생이 복잡하고 지저분하면 하나님이 어떻게 쓰시겠습니까? 그러므로 이제 우리는 정신을 차리고 교회와 나라와 민족을 위해 기도해야 합니다. 그리고 우리를 통해 얼마나 많은 영혼이 하나님께 돌아와 예수를 믿는지, 또는 절망에서 회복되는지 관심을 갖고 지켜봐야 합니다.

성령을 의지하는 자 vs
성령을 의지하지 않는 자

성령을 의지하지 않으면 자연스럽게 육체의 열매를 맺게 됩니다. 우리의 삶 자체를 가만히 내버려두면 어떻게 될까요? 성령의 인도하심을 의지하지 않으면 그 상태 그대로 있는 것이 아닙니다. 부패하고 타락합니다. 그때 육체의 열매가 맺힙니다.

육체의 열매는 하나님의 자녀로, 하나님이 기뻐하시는 모습으로 살지 못하게 만드는 요소입니다. 육체의 열매는 크게 3가지 종류가 있습니다. 첫째, 나 자신을 무너뜨리는 것입니다. 술 취함, 방탕함, 음행, 더러운 것, 호색 등은 우리의 내면을 무너뜨리고 삶에서 기쁨과 복을 빼앗아 갑니다. 절제력을 상실해 건강과 자기 자신을 스스로 파괴하게 되는 것입니다. 둘째, 인간관계를 무너뜨리는 것입니다. 원수 맺는 것, 분쟁, 시기, 당 짓는 것, 불화와 분열을 일으키는 분리, 분냄, 투기 등을 말합니다. 셋째, 하나님과의 관계를 파괴하는 것입니다. 우상숭배, 술수(마약이라는 의미로, 다른 신과 접하기 위해 쓰는 도구)가 여기 속합니다. 하나님과의 관계가 깨지면 모든 관계가 깨집니다. 성경은 육체의 열매를 맺는 이들은 하나님 나라를 유업으로 받지 못한다고 말합니다.

한편 성령을 의지하고 따라가는 사람에게는 많은 유익이 있습니다. 첫째, 성령의 열매를 맺습니다. 우선, 경건은 하나님을 사랑하면서 하나님과의 관계 속에서 나오는 자연스러운 삶의 모습입니다. 경건하기 위해서는 말씀과 기도를 따라갈 수밖에 없습니다. 경건한 사람, 성령께 의지하는 사람은 가장 먼저 자신을 회복하고 세우는 일을 합니다. 성령을 따라가면 나 자신이 회복되기 때문에 충성스럽고 신뢰할 만한 인격을 소유한 사람이 됩니다.

온유란 무조건 겸손하고 조용하고 약한 것을 의미하지 않습니다. 힘이 있지만 그 힘을 절제할 줄 아는 능력이 온유입니다. 성령을 의지하는 사람은 때를 분별할 줄 알고, 그에 맞게 힘을 사용합니다. 절제는 욕망의 극복을 뜻합니다. 성령으로 내면을 세운 사람은 자연스럽게 윤리적이고 도덕적인 삶을 살게 되어 있습니다. 그래서 삶 자체가 행복하고 풍성해집니다.

또한 성령을 의지하며 사는 사람은 인간관계에서 복을 누립니다. 다른 사람을 거룩하게 만드는 영향력 있는 사람이 되는 것입니다. 우선 타인의 잘못을 인내하면서 기다릴 줄 압니다. 그가 변하기까지 도와주면서 오래 참습니다. 그리고 상대에게 가장 좋고 필요한 것을 내어 주는 자비를 베풀게 됩니다. 행동을 강조하는 자비 외에도 사람의 내면을 일으켜 세워 주고 격려하는 마음인 양선이 마음속에서 일어납니다. 이로써 인간관계가 회복되고, 삶 속에 다른 사람을 행복하게 만드는 열매를 맺게 됩니다. 성령을 의지하고 성령의 열매를 맺으면 회복된 삶을 영위할 수 있습니다.

둘째, 성령을 의지하고 따라가는 삶을 살면 하나님과 가까워집니다. 하나님과 가까워지면 하나님께 일용할 양식을 받고 하나님과 깊은 관계를 맺음으로 우리 속에 사랑이 충만해집니다. 하나님을 더욱 사랑하게 되면서 하나님이 기뻐하시고 원하시는 일을 하게 됩니다. 하나님을 섬기는 일 자체가 기쁨인 것입니다. 사도 바울은 그리스도 예수를 아는 지식이 가장 고상하기 때문에 그리스도를 얻고자 세상 사람들이 자랑할 만한 모든 것을 배설물로 여겼습니다(빌 3:8). 이처럼 성령을 의지하는 사람은 하나님이 자신에게 기쁨이 되어 마음속에 기쁨이 회복됩니다. 기쁨이 회복되면 어떤 어려운 일이라 할지라도 즐겁게 감당할 수 있습니다. 하나님을 가까이할 때 주님이 주시는 기쁨과 평안이 찾아옵니다.

그렇다면 성령을 따르는 성령의 사람에게 나타나는 모습은 무엇일까요? 첫째, 성령을 따르는 사람은 육체와 함께 정욕과 탐심을 십자가에 못 박습니다. 바울은 "나는 날마다 죽노라"(고전 15:31)라고 표현했습니다. 성령의 사람은 어려운 일이 일어나면 어떤 대상이나 상황을 향해 원망과 미움을 품는 것이 아니라 자기 내면을 돌아봅니다. 그러고는 자기 속에 있는 죄악을 십자가에 못 박습니다. 바울은 이 일을 가리켜 "내 몸을 쳐 복종하게"(고전 9:27) 한다고 말했습니다.

둘째, 서로의 짐을 나누어집니다. 믿음의 형제자매가 죄를 범하는 모습을 볼 때 그를 살펴서 하나님 앞으로 돌아오게 한다는 의미입니다. 성령의 사람은 잘못된 제도를 고쳐야겠다는 개혁적인 마음을 품고 누군가에게 상처와 아픔을 주기보다 먼저 자기 자신부터 고칩니다. 그는 어려운 사람에게 마음을 열며 더불어 살아갑니다.

셋째, 복을 나누어 줍니다. 성령을 따르는 사람은 하나님이 주신 특별한 은혜, 복을 서로에게 나눕니다. 하나님이 남다르게 많이 주신 지혜나 지식이 있다면 군림하는 데 사용하지 말고 힘들고 어려운 사람을 도와주고 섬기는 일을 위해 써야 합니다. 전도하고 구제하기 위해서는 공동체 의식이 필요합니다.

넷째, 선을 행하다가 낙심하지 않습니다. 성령의 사람은 하나님의 거룩함을 믿고 오히려 기회가 있을 때마다 하나님이 맡겨 주신 일을 기쁨으로 감당합니다.

오늘도 우리의 삶 속에 성령의 열매를 맺기 위해서는 끊임없이 성령께 도움을 요청해야 합니다. 예수 그리스도를 나의 구세주로 영접했을 때 이미 성령이 우리 안에 오셨습니다. 간혹 우리가 죄를 지으면 성령이 떠나신다고 생각하는 사람들이 있습니다. 성령은 떠나시지 않고 우리 안에 계시면서 우리를 위해 근심하십니다. 우리가 낙심하면 성령이 염려하시고, 우리가 주님이 기뻐하시는 일을 하면 성령도 기뻐하십니다. 성령은 언제나 우리를 떠나지 않고 우리 안에 계십니다.

그러므로 이제 성령을 기쁘시게 하는 삶을 살아가십시오. 하나님 앞에 믿음을 가지고 가정과 사회와 민족과 세계를 위해 기도하는 성령의 사람이 되십시오. 하나님의 긍휼과 자비를 구할 때 하나님이 우리를 통해 어둠의 역사를 빛의 역사로 바꿔 가실 것입니다.

10

영적
전쟁은
여전히
치열하다

_ 영적 지혜로 끝까지 승리하기

엡 6:10-20

신자의 삶,

어떻게 살 것인가?

"무엇이 그리스도인다운 삶인가?"라는 주제는 바꾸어 말하면 "예수 믿는 사람으로서 어떻게 살 것인가?"라고 할 수 있습니다. 세상의 성공은 그리스도인인 우리의 기준이 될 수 없습니다. 주님이 우리의 심판자가 되시기에, 우리는 예수 믿는 사람으로서 어떻게 살아가야 할지에 대한 답을 주님 앞에서 찾아야 합니다. 그런데 문제가 있습니다. 우리는 하나님의 말씀을 잘 감당하며 살고 싶은데 너무 어렵습니다. 말씀대로 살기 위해 몸부림치지만 날마다 넘어지고 또 실패합니다.

  본문인 에베소서는 이처럼 "무엇이 그리스도인다운 삶

인가?"라는 우리의 고민에 대해 이야기하고 있습니다. 먼저, 1-3장에서는 예수 믿는 것이 무엇인지에 대해 설명하고, 4장부터는 믿음을 가진 사람은 어떻게 살아야 하는지, 즉 신자의 생활에 대한 문제를 다룹니다. 이 부분은 크게 셋으로 나뉘어 있습니다.

첫째, 부부 관계를 이야기합니다. 즉 예수 그리스도를 구세주로 영접해서 하나님의 자녀가 된 백성이 그리스도인으로 살아갈 때 부부로서 어떤 관계를 이루어야 하는지를 설명해 줍니다. 자녀들은 부모의 삶을 보면서 자랄 수밖에 없습니다. 물론 부모 역시 연약한 인간이기에 우리 인생의 모델이 될 수는 없지만, 부모와의 관계는 우리의 삶에 절대적인 영향을 미칩니다. 둘째, 부모와 자녀의 관계에 대해 말합니다. 부모가 자녀를 많이 사랑한다고 해서 자녀가 무조건 잘되는 것은 아닙니다. 여기서는 하나님의 질서와 말씀에 합당한 자녀와 부모의 관계가 무엇인지를 배울 수 있습니다. 셋째, 직장에서의 관계를 이야기합니다. 그러면서 마지막으로 바울은 예수 믿는 사람으로서 하나님의 말씀대로 살지 못하는 이유에 대해 이야기하면서 영적인 측면을 점검하라고 권면합니다. 이 장의 본문인 에베소서 6장 10-20절이 바로 그 내용입니다.

세상에서 그리스도인으로 살기 위해 우리는 영적 전쟁을

치러야 합니다. 우리가 예수를 믿기 시작하면 먼저 우리 속에서 전쟁이 시작됩니다. 이 전쟁은 상대를 죽이든, 내가 죽든 끝장이 나야 끝나는 무서운 전쟁입니다. 우리의 적은 우리에게 주어진 하나님의 자녀 된 특권, 하나님으로부터 오는 능력과 평안을 낭비하게 만들고 그 특권을 누리며 살지 못하게 방해합니다. 하지만 바울은 날마다 치러야 하는 대적과의 치열한 영적 전쟁에서 승리해야만 진정한 주님의 자녀로 살 수 있다고 말합니다.

만약 우리를 낙망시키고, 절망하게 하고, 실패에 빠뜨리는 어떤 문제가 발생했는데 이성적, 지성적인 면으로 아무리 살펴도 원인을 찾지 못하겠다면 영적인 측면을 점검해 봐야 합니다. 우리 인생은 영적 전쟁터입니다. 우리의 적은 부패하고 타락한 나 자신일 수 있고, 그다음으로는 사탄입니다. 그래서 본문에 사탄과의 전쟁에 대한 내용이 기록되어 있는 것입니다. 이처럼 그리스도인으로서 승리하는 삶을 살기 위해서는 우리가 하나님의 자녀답게 살지 못하도록 걸림돌이 되는 영적인 존재가 있다는 사실을 분명히 인식해야 합니다.

영적으로 무장해
영적 전쟁에서 승리하라

이제 사도 바울의 설명을 따라 대적의 정체가 과연 무엇인지, 대적과의 싸움에서 이기려면 어떻게 해야 하는지 등 영적 전쟁에 대처하는 우리에게 필요한 자세가 무엇인지 하나하나 살펴보고자 합니다. 이는 우리가 이 땅에서 하나님의 사람으로 아름답게 살아가기 위해 반드시 필요한 내용입니다.

우리가 치르는 영적 전쟁에서 승리하려면 가장 먼저, 적이 누구인지 알아야 합니다. 소설《돈키호테》의 주인공 돈키호테는 거대한 날개가 돌아가는 풍차를 보며 긴 팔을 가진 거인이라고 착각해 창을 들고 돌진했습니다. 그러나 바람이 세게 불자 날개에 꽂힌 창과 함께 내동댕이쳐졌습니다. 이처럼 자신이 싸우는 대상을 잘못 파악하면 비록 승리한다 해도 의미가 없습니다. 기진맥진해서 쓰러질 뿐이며, 진짜 적과 다시 싸워야 합니다. 우리는 정확하게 적을 알고, 그를 바라보며 싸워야 합니다.

바울은 여기서 영적 전쟁에서 만나게 되는 몇 가지 대적들에 대해 언급합니다. 가장 먼저, 마귀입니다. 사탄은 가정과 가족에게 주신 축복을 구체적으로 무너뜨리고 공격하는 적입니다. 성경에서 마귀라는 존재는 단수로 표현됩니다. 즉 우리를 무너뜨리는 모든 것의 대장인 것입니다. 마귀의 본래 뜻은 '참소자'입니다. 위협적인 존재인 마귀는 자신의 정체를 드러내지 않고 배후에 숨어서 하나님의 말씀대로 살지 못하고 사명대로 살지 못하도록 기가 막힌 방법으로 우리를 공격합니다.

'마귀'라는 단어의 어원은 '갈라놓다'입니다. 이처럼 마귀가 들어가는 곳에는 반드시 분열이 일어납니다. 가정과 교회와 인간관계가 깨집니다. 아담과 하와의 관계를 히브리어로 '야다'라고 하는데, 양쪽을 접착제로 붙여 절대 떨어지지 않는 것을 의미하는 개념입니다. 그런데 마귀는 둘 사이를 갈라놓았습니다. 이처럼 마귀는 이간질해서 낙담하고 절망시키는 존재인데, 정체를 드러내지 않기에 오히려 편하고 맡길 만한 존재로 착각하게 만드는 수법을 사용합니다.

그래서 사탄은 우리가 "사탄은 없다", "아니다. 사탄이 있다"라고 하며 자기 존재에 대해 논쟁하는 것을 좋아합니다. 그러므로 우리에게는 지혜가 필요합니다. 사탄의 존재 유무에 관한 논쟁의 배후에도 우리를 무너뜨리려는 영적 존재가 있는 것입니다. 마귀가 그리스도인인 우리를 공격하는 이유는 우리에게 복음, 생명이 있기 때문입니다. 우리가 예수 그리스도의 생명, 주님이 주신 축복을 누리지 못하게 방해하려고, 파괴하려고 오는 것입니다. 그러므로 우리는 어둠의 영들이 역사하지 못하도록 성령께 부탁드리는 기도를 해야 합니다.

영적인 존재는 고도의 지성과 이성을 가지고 그리스도인들을 무너뜨리기 위해 시시때때로 다가옵니다. 그 적은 우리가 상대해서 이길 수 있는 존재가 아닙니다. 바울의 표현대로, 우리가 싸우는 전쟁은 혈과 육을 상대로 하는 것이 아닙니다. 그러므로 만약 나를 힘들게 하는 사람이 있다면 기도해야 합니다. 내가 힘들고 어려워하는 요소가 있다면 성령의 도우심을 구해야 합니다. 기도를 통해 나 자신을 방어하고, 상대를 축복함으로 그에게 더 이상 어둠의 세력과 악한 영이 역사하지 못하도록 해야 합니다. 그때 성령의 인도하심을 받아 우리의 삶과 관계 가운데 성령의 열매가 맺힙니다.

또 하나의 대적은 귀신입니다. 귀신은 복수로, 마귀의 심부름꾼입니다. 마귀의 행동 대원이며 영적 존재로서 우리의 상황에 개입합니다. 귀신은 전략을 가진 군대 조직처럼 강하게, 집중적으로 공격해 우리를 무너뜨립니다. 귀신은 쉽게 분별할 수 있는 존재가 아니며 매우 똑똑하고 능력이 있습니다. 하지만 귀신은 전지전능하지는 않습니다. 전지전능하신 분은 하나님 한 분뿐이십니다. 그러므로 우리는 주님을 의지해야 합니다. 전지전능하신 주님을 의뢰할 때 사탄과 귀신을 이길 수 있습니다.

이제 마귀와의 싸움에서 승리하기 위해서는 어떻게 해야 하는가에 대해 살펴보겠습니다. 첫째, 우리의 삶이 주 안에 있어야 합니다. 전쟁의 승패를 좌우하는 요소 중에 하나는 보급품입니다. 마찬가지로 영적 전쟁에서 사탄이나 귀신과 싸울 때는 보급품이 계속해서 공급되어야 합니다. 우리의 대적은 영적 전쟁이 터지면 우리의 보급로를 차단합니다. 보급로는 다름 아닌 믿음, 소망, 사랑입니다.

믿음에서 평안이 비롯합니다. 우리는 평안이 없으면 삶을 정상적으로 살아갈 수가 없습니다. 모든 것이 형통해도 내 마음이 불안하면 못 삽니다. 반대로 곳곳이 문제투성이인데 내 마음만은 평안하다면 결코 흔들리지 않습니다. 또한 사랑에서 기쁨이 나옵니다. 기쁨이 없으면 일할 의욕이 생기지 않습니다. 우리는 기쁨이 샘솟을 때 비로소 의미 있게 살아갈 수 있는 존재입니다. 사랑, 기쁨, 소망, 평안, 화평 등 성령의 열매는 우리가 주님 안에 있을 때만 공급받을 수 있는 보급품입니다. 그러므로 우리의 삶이 날마다, 어느 순간에나 주 안에 있어야 합니다.

마귀와의 싸움에서 승리하기 위해서는 둘째, 영적 무기를 갖춰야 합니다. 영적 무기는 진리의 허리띠, 의의 흉배, 평안의 복음의 신발, 구원의 투구, 믿음의 방패, 성령의 검 등이 있습니다.

진리의 허리띠는 말씀 자체를 의미하는 것이 아니라 말씀을 의지하는 삶의 자세를 말합니다. '나는 사탄과 싸워서 승리할 것이다'라는 일사각오로 내 습관이나 지식을 의지하는 것이 아니라, 하나님의 말씀을 붙들고 영적 전쟁에 임한다는 뜻입니다. 그다음 무기는 의의 흉배입니다. 사탄은 "예수를 그렇게 오래 믿고도 똑같은 죄를 짓느냐!" 하며 계속해서 우리를 공격합니다. 그러면 낙심이 되고 절망이 찾아옵니다. 그때 필요한 무기가 의의 흉배입니다. 만약 사탄이 정죄하거든 우리는 의의 흉배라는 무기를 들고 이렇게 고백해야 합니다. "그래! 나는 죄인이다. 하지만 나 같은 죄인을 하나님이 구속해 주셔서 하나님의 자녀 삼아 주셨다. 그러므로 나는 죄인이면서 동시에 하나님께 소중한 존재다."

또한 평안의 복음의 신발은 어떤 무기입니까? 신발이 발에 맞지 않으면 멀리 걸어가지 못합니다. 내 속에 복음에 대한 분명한 믿음이 있으면 평안이 임합니다. 평안해야 멀리 걸어갈 수 있고 잘 싸울 수 있습니다. 그다음 무기는 구원의 투구입니다. 사실 우리는 영적 전쟁을 치르긴 하지만, 이미 주님이 승리하신 승리를 쟁취하기만 하면 됩니다. 갈렙의 마음속에는 확실한 구원의 투구가 있었습니다. 그러했기에 한 치의 흔들림 없이 "이 산지를 지금 내게 주소서"(수 14:12)라고 외칠 수 있었습니다. 믿음의 방패는 적들의 공격을 믿음으로 막아 내는 무기입니다. 그리고 성령의 검은 곧 말씀의 검입니다. 우리 속에 말씀이 들어 있지 않으면 싸울 수가 없습니다. 예수님은 광야에서 마귀에게 시험을 당하실 때 말씀으로 물리치셨습니다. 우리도 예수님처럼 우리 속에 말씀이 살아 있을 때 말씀으로 승리할 수 있습니다.

셋째, 마귀와의 싸움에서 승리하기 위해서는 기도해야 합니다. 성령 안에서 기도하는 것은 매우 중요합니다. 기도는 내가 가진 하나님의 전신갑주 무기를 진짜 무기답게 만들어 줍니다. 탱크를 움직이는 힘은 기름입니다. 마찬가지로 하나님이 내게 주신 영적인 무기를 움직일 수 있는 힘은 기도입니다. 기도하지 않으면 무기를 사용할 수 없습니다. 따라서 기도는 권세를 의미합니다. 기도할 때 하나님의 능력이 나타납니다.

특히 우리는 나 자신을 위해 기도할 뿐 아니라 서로를 위해 중보 기도 해야 합니다. 사탄은 중보 기도를 매우 무서워합니다. 성경을 보면 중보 기도의 능력에 대한 분명한 증거가 기록되어 있습니다. 이스라엘이 아말렉 족속과 싸울 때였습니다. 모세의 팔이 올라가면 이스라엘이 이기고, 내려오면 전세가 약화되었습니다. 이때 힘들어하는 모세의 양팔을 아론과 훌이 각각 붙들어 주었습니다. 이로써 이스라엘은 전쟁에서 승리했습니다. 즉 기도의 손이 올라갈 때 승리가 가능한 것입니다.

우리가 기도하는 공동체에 있으면 적들이 우리를 침범하지 못합니다. 특히 교회는 지도자를 위해 기도해야 합니다. 사탄이 사용하는 전략 중에서 최소한의 노력으로 최대의 효과를 내는 전술이 있는데, 그것은 바로 교회 지도자를 치는 것이기 때문입니다. 지도자를 위해 중보하며 연합하는 가운데 하나님이 놀랍게 역사하실 것입니다.

우리는 우리의 적이 누구인지, 그들이 우리를 어떻게 곤경에 빠뜨리는지 분별하는 지혜가 필요합니다. 따라서 성령의 도우심을 구해야 합니다. 우리를 붙들고 있는 악한 것으로부터 승리하며 이겨 나갈 수 있도록 함께해 달라고 기도하십시오. 영적인 지혜와 영적인 은혜를 베풀어 달라고 기도해야 합니다. 성령이 함께하심으로 오늘도 치열한 영적 전쟁의 현장에서 승리하는 우리가 되기를 바랍니다.

보이는 것 너머의 영적인 세계를 보는

영적 감각을 회복시켜 주옵소서.

이 세상에서 주님이 주신 자원을 낭비하지 않고

참된 그리스도인으로 살아가게 하옵소서.